ラッ**プ**

BASICS OF MANAGED ACCOUNTS

口座

入門

野村證券ゴールベース研究会 編

日本経済新聞出版

はじめに

　米国で、有価証券の売買によって手数料収入を得るコミッション型営業から、包括的な資産管理サービスを提供することで預かり資産額に応じて手数料を得るフィー型営業への転換が進み、日本でも「顧客本位の業務運営」が求められる中で、従来の売買型ビジネスではない金融サービスとして投資一任が注目されています。日本投資顧問業協会が公表している統計データで「ラップ業務（投資一任契約）」の規模を見ると、2014年から2015年にかけて残高が急激に拡大し、2018年頃にしばらく停滞したものの、2020年から再び大きく伸び出しています。

　2014年から2015年にかけて拡大した理由としては、2013年

日本の投資一任残高

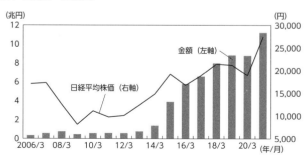

出所）日本投資顧問業協会「統計資料」、日本経済新聞社より筆者作成
注）データは2021年3月まで

頃からの、いわゆるアベノミクスと黒田バズーカによる国内景気や株式市場の回復がまず思い浮かぶのではないでしょうか。ですが、その少し前頃から米国で取り組みが進んでいた「ゴールベース資産管理」を参考に、日本でも資産管理型、コンサルティング型の営業スタイルを導入しようとする動きが起きていたことも大きかったのではないかと思います。2017年3月には「顧客本位の業務運営に関する原則」が金融庁より公表されました。これも、顧客に寄り添う「ゴールベース資産管理」や、その実現手段の1つである投資一任がさらに注目されることにつながったと考えられます。

　さらには、地域金融機関や、ここ数年で台頭してきた金融機関に所属しない「独立系アドバイザー」が投資一任に取り組み始めていることも、最近の残高拡大につながっていると考えられます。2020年3月には、法改正によって「金融サービス仲介業」という新たな業態も生まれました。また、2020年8月に公表された「金融審議会 市場ワーキング・グループ報告書－顧客本位の業務運営の進展に向けて－」でも、報告書のタイトルにある通り、金融機関に対してさらなる「顧客本位の業務運営」を求めています。こうしたことからも、投資一任を提供していく流れはさらに広がっていくと考えてもおかしくありません。

　投資一任はサービスであって商品ではないとよく言われます。これは、このサービスを提供する契約の中に、投資目的や投資方法をうかがい、それに合わせて預かった資産を管理・運用し、定期的に報告する、という一連の流れが定められ、また契約が続いている間は、こうした一連のサービスが継続的に提供されるようになっているからです。

　ですが、これだけでは「サービスであって商品ではない」ことの半分しか生かせていないかもしれません。投資一任がなぜ顧客の役に立つのか、どのように提供すれば顧客の役に立つのかを理解することで、投資一任の「サービスであって商品ではない」という特徴が生かせるようになりますし、これまでとは一味違う投資一任サービスの提供ができるようになると思います。そうなっていけば、投資一任の残高も一段と増えるでしょう。米国では日本の100倍近い残高があります。拡大していく余地は大きいのです。

　この本は、野村證券投資顧問事業部が社内向けに行っていた研修をベースに書き下ろしたものです。米国での広がりを見れば、投資一任は日本でも、もっともっと使われて良いはずです。そのためには、研修で伝えていた知見を文章にまとめ、社内啓発を行うだけでなく、我々が得てきたものを、日本で投資一任業務に取り組む同志にも伝え、取り組みのヒントにしてもらうことが大切だと考えました。

　投資一任の標準的なテキストを目指して作成したこの本の構成は次のようになっています。第1章「ラップって何?」でまず投資一任の概要について説明し、投資一任を理解するうえで必要な3つのポイントを紹介しています。1つ目のポイント「資産運用の理論」は第2章に、2つ目のポイント「行動ファイナンス」は第5章につながります。また、3つ目のポイント「投資一任の歴史と動向」が第4章につながっていきます。

　第2章「資産運用の基本」は、投資一任の運用で使われている金融理論についての再確認です。これを実践しているのが機関投資家になりますので、第3章「機関投資家はどうや

って運用しているか」で、世界的に有名な機関投資家が何をやっているのかを確認します。第4章「ラップの成り立ち」では、1970年代からの米国の資産運用の歴史を振り返り、投資一任につながる出来事を確認します。投資一任が突然現れたわけではなく、歴史の流れの中で必然的に生まれたことが理解できるとともに、日本の流れと比べることで、これから何が起こりそうかを考えるヒントになります。第5章「ゴールベース資産管理と投資一任」では、第1章で紹介する3つのポイントの2つ目である「行動ファイナンス」と、それを実務につなげた「ゴールベース資産管理」について紹介します。投資一任がゴールベース資産管理と結びつくことで、「投資一任はサービスであって商品ではない」という主張がより強くなります。最後に、第6章「米国でいま起きていること、日本で今後起きそうなこと」で足もとの米国の動きを理解するとともに、これを日本の状況に当てはめてみます。第4章が過去の振り返りで、第6章は現在から近い将来への見通しになります。

　こうした流れに沿って包括的に理解していただくことを目指す一方で、さっと目を通せるように、「ここだけは読んで欲しい」「まず目を通すならここ」という項に"☆"マークもつけてあります。目次でもわかるようにしていますので、各章の冒頭にある「この章のポイント」を読んだら、次は"☆"のついている項から読むのも一案です。コラムは雑学に近い息抜き的なものですので、あとから読んだり拾い読みしたりできます。この本が投資一任への理解につながり、ひいては金融サービスの向上や資産管理の質の向上につながれば幸いです。

　我々の仕事を医療従事者になぞらえると、顧客へのアドバ

イスは2つに大別されると思います。外科的な処置を施す
か、投薬を中心に内科的な処置を施すか、です。投資一任や
積立て投資というのは、後者の投薬治療の方であり、糖尿病
のような生活習慣病を、医師のアドバイスを定期的に受けな
がら長い時間をかけて治す、あるいはコントロールしていく
ようなもの、ではないでしょうか。長寿・高齢化の時代とと
もに、投資一任のような見立てを必要とする顧客が増えてき
たように思われます。顧客の幸せと笑顔のために、「投薬治
療」の勉強や取り組みが改めて求められています。

　ある外国の方と話していた時、投資一任を「空気とか水の
ようなもの」と表現されたことがあります。もはや特別に語
るべき存在でも何でもない、しかし、なくては生きられない
ものとユーモアを交えて言われました。とても印象的な表現
でした。一方、その時、日本ではまだ投資一任は十分に理
解・利用されているとはいいがたい状況でした。しかし世は
移り、転換点に差し掛かってきています。世の中での認知度
が高まるとともに、今の取り組みが大きくなって返ってくる
に違いありません。

　この本は、野村證券内で投資一任の研修を企画・運営して
いた浜田充啓の呼びかけでスタートし、研修講師から中村陽
一と野村資本市場研究所の関雄太が執筆し、中村が全体の取
りまとめを行いました。また、野村證券内でまずリリース
し、そこで得た指摘や気づきなどを踏まえて改訂し、今回の
出版に至っています。なお、この本の主張は、あくまで著者
のものであって、すべてが野村證券、あるいは野村資本市場
研究所としての主張ではないことにはご留意ください。

最後になりますが、本書は、多くの方のご支援・ご協力を
いただいて出版することができました。この本を手に取って
くださった読者の皆様にまず感謝します。社内研修の内容を
公表することに対して了承してくれた経営陣、内容について
多くのコメントを寄せてくれた同僚に感謝します。また、
『ゴールベース資産管理入門』（2016年、日本経済新聞出版）
の出版を機に、野村證券ゴールベース研究会のアウトプット
を担当いただいている日経BPの赤木裕介氏、本書の担当で
ある細谷和彦氏には、本書の刊行にあたってご尽力いただき
ました。重ねて感謝します。

　2022年3月

　　　　　　　　　　　　　野村證券ゴールベース研究会
　　　　　　　　　　　　　投資顧問事業部　浜田充啓
　　　　　　　　　　　　　営業企画部　中村陽一

第1章

ラップって何?

コラム

第2章
資産運用の基本

コラム

第3章

機関投資家は
どうやって運用しているか

コラム

第4章
ラップの成り立ち

第5章

ゴールベース資産管理と投資一任

コラム

第6章

米国でいま起きていること、日本で今後起きそうなこと

ラップって何?

BASICS OF
MANAGED ACCOUNTS

これからの世の中では、誰もが資産運用に向き合うことになります。「投資は難しいもの」として避けるのではなく、長い人生を支えるために、自分で考えて資産運用に取り組む必要があります。

　長い人生を支えるための資産運用なので、ずっと続けられる方法を選ぶ必要があります。そのためには、資産運用の理論を学び合理的なやり方を理解することと、ゴールベース資産管理を学んで少しでも合理的に実践できるようにすることが大切です。

　投資一任サービスは、この両方をうまく取り入れつつあり、資産管理に使えるサービスとして注目されています。

資産運用は身近な話 ☆

みんな、やりたいことがいろいろあるはずです。人生100年時代ともいわれる長寿社会を迎えて、時間に余裕も出てきました。一方で、後述する「老後資金2,000万円問題」で問われているように、低金利や人口が減っていく社会では、これまでのように誰かに支えてもらうだけでは、何もできなくなってしまうかもしれません。やりたいことにお金をかけるためには、もう少し働いて収入を得ることも必要でしょうし、お金の使い方も考え直す必要があるでしょう。そのうえで、お金に働いてもらうことも考える必要があります。

いわゆる「老後資金2,000万円問題」報告書は、2019年に公表されました。ネットを見ると、「老後資金2,000万円問題」が大嘘であるような記事もありますが、この報告書をきちんと読めばこれが誤解だとわかると思います。「全員が2,000万円必要だ」と書いてあるのではなく、統計から見える「高齢夫婦無職世帯の平均的な姿」で「30年間の取り崩し」を考えてみるとそうした可能性があるから、自分の状況をきちんと確認し、しっかりプランを立てて、働いているうちに資産形成して、リタイア後は上手に取り崩していこう、そして、こうした取り組みでは金融市場をうまく活用しよう、と書かれているのです。専門家にも手伝ってもらって自分のプランを立てて、どれくらいの金融資産が必要か把握したうえで、それに沿って自ら行動していこう、というのがこの報告書の趣旨です。

年金をもらってのんびり生活するのとは違い、これは大変なことです。自分で計画を立て、自分で決める必要があるか

らです。そういった意味での反発もあったかもしれません。でも、自分がどうしたいかは自分しかわかりませんし、自分の生活を守るのも自分の責任です。

「老後資金2,000万円問題」報告書の正式な名前は、『金融審議会 市場ワーキング・グループ報告書「高齢社会における資産形成・管理」』（令和元年6月3日）です。これに参考として添えられている『金融審議会 市場ワーキング・グループ報告書「高齢社会における資産形成・管理」の概要』には、ライフステージごとの資産額の推移イメージと留意点が、わかりやすい図で示されています（**図1-1**）。資産運用への期待は、図中の上向きの矢印で示されています。これをみても、働いてお金を貯めるのが主であり、大切なお金の寿命（資産寿命）を伸ばすために、資産運用も合わせて考えるべきではないかというのが、今言われていることです。

図1-1 高齢社会における資産形成・管理

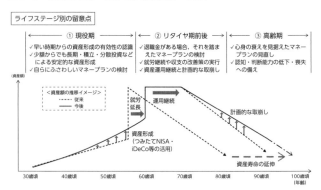

出所）『金融審議会 市場ワーキング・グループ報告書「高齢社会における資産形成・管理」の概要』

資産運用のハードル

　日本の個人金融資産が増えないのは、リスク資産保有が進まない、つまり投資しないからで、投資しないのは、成功体験がないからだ、という主張もあります。日経平均株価の最高値は1989年12月末の3万8915円87銭（終値ベース）で、それ以降はその最高値に近づくどころか、「半値八掛け二割引」（0.5×0.8×0.8で32％の水準）の1万2000円を大きく割り込んだ時期も続きました。こうしてみると、「日本の株式市場が長期的に上昇していないから成功体験を積むのが難しかった」というのは確かにそうですが、それだけではないかもしれません。実際、マーケットが1989年12月の最高値に向けて進んでいたバブル期でさえ、日本の個人金融資産に占めるリスク資産の割合は、そんなに高くないのです。**図1-2**は、日本銀行の資金循環より作成した、日本の個人金融資産の内訳です。バブル絶頂の1988年、89年でも、株式や投資信託の比率は30％をちょっと超えるくらいです（図中「株式、債券、投資信託等」のところを参照。ちなみに、ここ数年では15％前後です）。

　日本銀行の資金循環統計にある「日米欧比較」（2021年8月20日）によると、米国では家計の金融資産が109.6兆ドルになり、とうとう100兆ドルの大台に乗りました。日本円に換算すると約1.2京円（！）ほどになる個人金融資産のうち50％強が株式や投資信託ですから、米国のリスク資産比率の高さがわかります。なお、日本の個人金融資産は、株式や投資信託の保有金額で見ると、バブル期も今もほぼ同じです。米国のリスク資産比率が高い理由は、第4章「ラップの成り

立ち」や、コラム5-②「2006年年金保護法と行動ファイナンス」でも少し説明しています。

　こうした考え方からすると、日本で現金・預金の比率が高いのは、個人が「現金・預金を持ちたい！」と自ら選んでいるのもあると思いますが、預貯金口座に振り込まれた給与を、現状維持バイアスでそのままにしてしまう（積極的に選んでいるわけではない）という理由も考えたほうがよさそうです。また、成功体験についても、外国資産に分散投資していれば得られたのではないかという主張もあります。

図1-2　日本の個人金融資産の内訳（上：割合、下：金額）

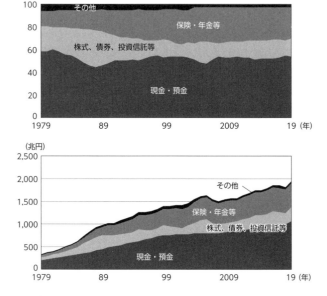

注）いずれも年度データを使用。2020年度まで
出所）いずれも日本銀行「資金循環」より筆者作成

　投資は難しいもの、という感覚も根強くあると思います。数多くの銘柄から投資するものを選び、日々状況を確認しながら、タイミングを見て売却する、これを繰り返すのはとても大変で、自分には無理だろうと。確かに、上場している株式だけでも4,000銘柄近くあります（2021年6月30日時点）。これに投資信託もあり、債券などその他の投資先まで見るとなるとたいへんな数です。そもそも、株式や債券のほかにどんな投資先があるのか、挙げるだけでも大変なことです。そして、がんばっても、必ず儲かるわけではありません。「損」というつらい経験が避けられないと思えば後悔回避が先に来るかもしれません。でも、これまで述べたように、これからの時代は、多かれ少なかれ資産運用を考えないといけないと思います。

　勤め先によっては従業員持株制度や確定拠出年金制度、財形貯蓄制度が用意されていますが、これらも資産運用です。資産運用はすでに身近にあります。従業員持株制度では、投資する銘柄は働いている会社（あるいはこれに準ずるところ）と決まっていて、毎月の拠出額だけを指定すると思います。一方、確定拠出年金制度（企業型）では、会社が拠出したお金に対して自分がいくらマッチング拠出するか決めるだけでなく、そのお金を投資する商品（銘柄）も指定する必要があります。複数の商品に分けて投資することも、途中で投資する商品を変えることもできます。これまでに積み上げてきた資産の内容を変更する（別の銘柄に入れ替える、資産配分を見直すなど）こともできます。自分で決め、実行していく範囲も広がっているのです。そうであれば、できるだけ無理せず長期間続けられる方法が助かりますよね。

　この本では、プランを立てて、それに従ってゴールを実現

できるよう長期的に資産管理していく方法として、投資一任口座という金融サービスを取り上げます。投資一任口座は、日本で提供されるサービスの特徴や名称から「ラップ口座」とも呼ばれています。両者は厳密には違いますが、この本ではあまり細かいことは言わず、親しみやすいように、投資一任口座の代わりにラップ口座と表記することもあります。ご容赦ください（コラム1-①もご覧ください）。

コラム1-① 投資一任とラップ

　ラップ口座（あるいは単に「ラップ」）という呼び名は、そもそもは「ファンドラップ」からきています。「ファンド」は投資信託、「ラップ」は食べ物を包む薄いフィルムと同じです。投資信託をひとまとめにして（ラップして）管理するので「ファンドラップ」です。

　第4章「ラップの成り立ち」で詳しく説明している通り、投資一任にはいろいろなタイプがあり、サービスが広がっていく中で投資信託を使って資産管理していく「ファンドラップ」も生まれてきました。日本ではこのファンドラップが投資一任の大半を占めると思われ、投資一任口座のことを「ラップ口座」と呼んだりしているようです。

投資一任とは ☆

　「投資一任」というのは、「投資の判断や投資資産の管理を一任する」という意味です。ですが、「何もかもおまかせ」ではなく、投資する目的、投資においてやってよいこと、やってはいけないこと（投資してよい資産や投資上限などのルール）などをしっかり決めたうえで、投資や資産管理の実務

を一任するものです。日本では、2004年の投資顧問業法改正によって証券会社でも投資一任サービスが提供できるようになり、その後の経済・投資環境の変化や各社の取り組みによって大きく広がりました。

　運用についていろいろ取り決めたうえでお願いするとなるとハードルが高いように見えますが、レストランでプリフィックスのメニューから注文するようなものです。プリフィックスでは、支払う金額とコース全体の流れ（前菜が出て、メインが出て、デザートが出るなど）、出てくる皿の数が決まっていて、その中で何を食べるか、用意されているメニューから一皿ごとに選んでいきます。サラダだったらシーザーサラダか、生ハムのサラダか、スープもあるかもしれないし、カルパッチョもあるかもしれません。メインは肉と魚から選べるだろうし、肉でもビーフとチキンがあるかもしれません。このように、プリフィックスならお店が用意している選択肢の中から選んで自分好みに全体を組み立てることができます。追加費用を払えば、選択肢が増える場合もあります（オーガニック食材や和牛を使ったメニューなら別料金とか！）。

　投資一任口座でも、多くはこの「全体の枠組みは決まっていて、詳細を顧客の好みに合わせて選んでいく」仕組みを取り入れていて、これによって顧客に合った運用サービスが提供できるようになっていると思います。

　投資一任がサービスであって商品ではないと言われるのは、この「自分に必要なものを選ぶ」プロセスを金融機関職員等のアドバイザーと相談しながら進めていき、また、運用を始めたら、取り決めた通り運用されているか定期的に報告してもらうようになっているからです。「自分に必要な」と

いうのは、この後にも繰り返し出てくる大切な考え方です。運用に当たって大切なのは、いたずらに高いリターンを求めることではなく、「自分がやりたいことを実現するために必要な」リターンを、妥当なリスクの下で求めることです（もちろん、自分が許容できる範囲のリスクで、です。無理なリスクは取るべきではないし、リスクを取りすぎならゴールを見直すことが必要です）。

　また、定期的な報告も、市場環境や運用パフォーマンスだけ解説してもらい、このまま持ち続けるのか売却するのかを考えるのではなく、前回の報告からの運用結果として、事前に決めておいた「運用目的、あるいはあなたが求めるゴールに近づいているのかどうか」を確認するためのプロセスになります。

　このように、投資一任は、単なる「プロにお任せ」ではなく、「任せるところは任せて、自分は、なぜ運用するのか、どういった運用にしたいのか考えるところに集中できる」仕組みになります。プロに任せるのは、具体的な投資先を決めたり、売買を行ったり、残高を管理したり入れ替えたりする、いわば「投資の実務」になります。顧客（あなた）の役割は、自分が人生の中でやりたいこと（ゴール）をできるだけ具体的にイメージし、いつ頃、どれくらいのお金が必要か見積もって、どうやってそのお金を賄うかを考え、その中でどれくらい資産管理に頼るのか、方針を決めることです。どれくらいのリスクを取って運用すればよいのか決まれば、あとはプロに日々の実務をお任せするのが投資一任です。資産運用が身近になる時代にふさわしい仕組みです（**図1-3**）。

　そうはいっても、自分一人でゴールをイメージし、必要になる金額を見積もって資産管理の方法を具体的に考えるのは

図1-3　投資一任のプロセスと、役割分担

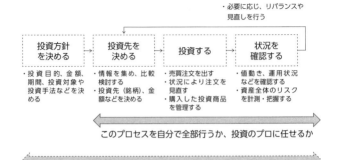

出所) 筆者作成

難しいので、信頼できるアドバイザーに相談するとよいと思います。

投資一任の仕組み

　投資と言われてすぐに思い浮かぶのは、「株を買う」「債券を買う」だと思います。債券と大くくりで言われると「あれ?」と思いますが、個人向け国債をイメージしてもらえれば身近になると思います。今使わないお金が手元にある人（＝投資家）が、お金を必要としている人（この場合は企業や国）にお金を使ってもらい、その代わりとして利金や配当金をもらったり、返済してもらうときに少し多く返してもらったりするのが投資です。債券は、返済内容や期限を取り決めてお金を渡すので、その企業や国が倒産（破綻）しない限り決められた通りの返済（利払いや元金の返済）が行われま

す。株式は、企業が儲かれば価値が上がりますが、調子が良くなければ下がってしまいます（その場合でも、債券はあらかじめ決めた通り支払いが続きます）。

理屈はわかっているけれど、どの株式や債券を選んでいいかわからないし、ずっと値動きをチェックし続けるのも無理だと思えば、「投資信託（投信）を買う」という方法もあります。投資信託は、ファンド・マネージャーという投資のプロに自分のお金を運用してもらう方法です。プロに運用をお任せすることになりますが、任されたプロは好き勝手できるわけではなく、あらかじめ定められた運用方針に従い、与えられた裁量の中で投資判断を行い、資産を運用していくことになります。運用方針とは、「日本株に投資する」「米国の大型株に投資する」「先進国の国債に投資する」「株式の組み入れ比率は〇〇％にとどめる」「格付け〇〇以上の債券を対象とする」「社会的な責任を果たしている企業のみに投資する」などです。投資方針の詳細は目論見書に書かれていますので、必ず確認してください。

投資信託の特徴には、「少額の資金で分散投資できること」もあります。日本では多くの投資信託は１万円程度から購入できます。株式や債券を直接買うと、この金額で複数の銘柄に分散投資することはできません。そもそも１銘柄も買えないかもしれません。ですが、投資信託を介することでいろいろな銘柄に分散投資し、リスクを下げることができます（分散投資やリスクを下げる仕組みは第２章「資産運用の基本」で説明します）。

コラム1-② 長期的とは？（その1）

　運用に関する本や記事では、「長期投資」という言葉をよく見かけます。この本でも「長期的に資産管理」「長期間の投資」という表現をしばしば使っています。では、「長期」とはいったいどれくらいなのでしょうか。例えば、就職したての人が退職に向けて資産形成するなら40年ほどになります。退職金の運用も、65歳で退職して平均寿命の81.64歳までだと16年強ですが、65歳まで生きられた方の平均余命は実はもっと長く20.05年であり、20を超える運用になります。これは男性の話で、女性だともっと長くなり、65歳まで生きられた方の平均余命は24.91年になります。また「平均寿命」というのは、大まかに言えば半数の方が亡くなるまでの年数ですので、実はその先はまだまだ長いかもしれません。子供の教育費も、大学進学のためのお金なら、10〜15年程度が目安になるのではないでしょうか。自分のライフプランから考えると、長期とはかなり長い期間になります（令和2年簡易生命表による）。

　投資環境から見ると、例えば景気の波（景気サイクル、景気循環）として、キチンの波、ジュグラーの波、クズネッツの波、コンドラチェフの波が良く知られています。最も短いキチンの波は在庫循環（在庫を積み過ぎたり、足りなくなったりの変動）で、3〜4年と言われています。ジュグラーの波は設備投資で10年程度、クズネッツの波は人口変化（子どもが親になる）や建設・設備投資で20年程度、コンドラチェフの波はイノベーション（技術革新）で50年程度と言われています。最も短い景気の波を1サイクルと思えば少なくとも3〜4年は必要でしょうし、実際のところはもっと長い目で見ないと結果は評価できないと思います。データ分析する立場からしても、月次データであれば5年（60カ月）が1つの目安でした。本当はもっと欲しいところです。

ここまで聞くと、投資信託には、①プロに投資判断と日々の管理を任せることができる、②投資方針があらかじめ決められており好みに合った投資ができる、③少額でも分散投資できる、という機能があり、個人が投資するにあたっては十分に思えます。しばらく前から売買手数料や信託報酬の低いETF（上場投資信託）も登場し、投資家の費用負担も小さくなってきています。実際、少額の資金を運用する場合には、投資信託は優れた方法だと思います。特に、「とりあえず長期で、できるだけ貯めていこう」などニーズが単純であれば、仕組みが単純で売買手数料や信託報酬の低いETFを買っておくのが最も良い方法になるかもしれません。

　では、投資信託と比べて、投資一任の特徴はどうなっているでしょう。先に説明したように、「プロに投資判断と日々の管理を任せることができる」（上の①）というのは同じです。「投資方針があらかじめ決められており好みに合った投資ができる」（上の②）という点については、投資信託は「我々はこんな投資をします。気に入ったら買ってください」という考え方になります。一方で投資一任は、「あなたの考えにできるだけ合わせて投資しようとすれば、どうすればよいか」から考えます。方針が決まってしまえば「好みに合った投資ができる」というところは同じですが、投資一任の方が、顧客ニーズに近いところからスタートします。

　先のレストランで言えば、用意されているメニューから食べたい一皿を選ぶ（全体の流れはあまり考えないか、自分で全部決める）のが投資信託で、何を食べたいか自分の気持ちに合わせてプリフィックスでコースを組み、場合によってはレストランと相談しながら決めていくのが投資一任になると思います（たとえがわかりにくかったらすみません）。レス

トランに行きなれていて、自分で食事の全体像や、料理・飲み物の相性や組み合わせを考えられる人は、一皿ずつ自分で決めて、トータルの支払いを低めにするという選択肢があるでしょう。一方、普通の人は、「少し高くなっても、レストランにお任せして、安心しておいしい料理を堪能したい」のではないでしょうか。そうなると、全体を見通して用意されているコース料理か、プリフィックスの選択になると思います。

「少額でも分散投資できる」（上の③）というのは、投資信託だけの特徴になります。第4章「ラップの成り立ち」で詳しく説明するように、機関投資家や超富裕層のための運用をもっと多くの人に使ってもらえるようにしたのが投資一任ですが、それでもそれなりの金額が必要になります。

こうしてみると、投資信託は、多くの人に少額から利用してもらいやすくなっている既製品で、投資一任が、既製品では飽き足らずもっと自分の思いを反映させたい、でもそんなに大きな規模の投資金額ではない人向けの、少しカスタマイズできるサービスだということが理解できます。また投資一任でも、投資信託を投資対象にすれば、「少額でも分散投資できる」という特徴を加えることもできます。少額と言ってもそれなりの金額にはなりますが。

投資一任のサービスの流れ

投資一任は、自分の思いを資産管理に反映させながら投資実務をプロに任せるサービスです。投資一任のサービスの流れは、提供する金融機関によって若干の差異がありますし、また各ステップの切れ目が明確でないこともありますが、大

まかには**図1-4**になると思います。順を追って簡単に説明しましょう。まず、①「運用目的、投資方針の確認」ステップでは、投資一任で運用しようと考えているお金の将来的な使い道、どれくらい増やしたいか、どれ

図1-4　投資一任のサービスの流れ

④運用状況の定期的なレビュー

①運用目的、投資方針の確認

③資産管理・運用、リバランス

②運用モデル、運用プランの選択

出所）筆者作成

くらいリスクを取れるか、を考えます。リスクの取り方（リスク許容度とも言います）は、個人の感覚に加えて、運用期間（長期・短期に加え、お金が必要になるタイミングにどこまで柔軟性があるか）や、お金の用途（運用がうまくいかなくても許容できるのか）などから決めていきます。また、投資経験や好みなどから、どういった運用手法が自分に合いそうかも考えます。

　運用目的が明確になったら、②「運用モデル、運用プランの選択」ステップで、いろいろ用意されている中から、運用目的に合った運用プランを選びます。この際、ヒアリングシートを使ってリスク許容度を推測する、運用結果をシミュレーションしてみるなど、運用目的に合った選択ができるよう、各社が工夫しています。シミュレーションがあれば、うまくいかなかった場合の損失状況などを想定しながら、受け入れられる運用方法を探すこともできます。また、あまり取りたくないリスクをどうするか検討できることもあります。例えば、為替リスクはあまり取りたくないとか、ヘッジファンドは入れたくないとかといったところへの対応です。どう

いった投資信託に投資するのかなど、銘柄を選定するプロセスもあるかもしれません。これで、具体的な投資内容がはっきりします。

　なお、運用モデル、運用プランと併記してありますが、明確な違いがあるわけではなく、各社の書き方の違いだと思ってください。投資一任契約も、このステップで行われると思います。

コラム1-③ 長期的とは？（その2）

　長期投資の効果を示す際に、1年間運用した場合のリターン、5年間運用した場合のリターン、10年間運用した場合のリターンを比較することがあります。過去のマーケットのデータを使って、運用開始時点を少しずつ変えていってそれぞれの運用結果を集計して比較します。こうすると、期間が長くなるほど損で終わってしまう（リターンがマイナスになる）ケースが少なくなります。1年間しか投資しないと、その年のリターンだけの影響を受けますが、投資する年数が伸びると、違う年のリターンの影響も出てきて、全体として変動が穏やかになります。前の年のリターンが翌年のリターンと似た動きをするわけでない（相関はあったとしても小さい）ので、時間の分散効果が働いていると考えられます。投資対象を分散するのと近い考え方です。

　投資対象の分散と違うのは、各年のリターンが完全に独立しているわけではなく、運用した結果が毎年積みあがっていくことです。いわゆる「複利効果」です。このため、ある年に大きな損が出ると回復させるのが難しくなります。例えば、ある年のリターンが-50%で、翌年が+50%だと、2年目の末には資産が元に戻るのではなく、最初の75%にとどまります（計算は、(1-50/100)×(1+50/100)=0.75となります）。また、リターンで考えると見落としがちですが、期間が長くなることによって利益や損失の額自体は大きくなります。例えば、1年当

たり1%のリターンになったとして、1年間運用すれば100万円に対して1万円のプラスですが、10年間だと単利でも10倍の10万円になります。これは損失側も同じです。リターンの数字だけでなく、こういったところにも気をつけておく必要があります。このあたりの試算は、『人生100年時代の資産管理術』(日本経済新聞出版)をご覧ください。

　ここからは契約に従ったサービスになります。③「資産管理・運用、リバランス」ステップで、②で決めた内容に従って「プロに任せた運用」が行われます。自動的なリバランスや、場合によっては資産配分モデルの変更なども実施されます。

　投資一任は、法律と契約で定期的な報告が義務づけられています。どういった運用がなされて、結果がどうであったかだけではなく、①や②のステップで検討したこと、選択したことに照らしてみて想定の範囲内なのか確認するのが投資一任で大切なところです。これが④「運用状況の定期的なレビュー」というステップになります。投資一任の継続判断も、このステップだと思います(基本的には自動更新だと思います)。パフォーマンス報告だけなら投資信託と同じで、自分にとってこの運用結果はどうなのかを考え、必要であればこうした選択を見直すのが投資一任です。また、こういった一連のプロセスをアドバイザーがサポートしてくれるのが良いところです。

投資一任の手数料の意味

　株式や債券の売買でも、投資信託の購入でも、自分のために他の人が携わりますので費用が発生します。投資信託は、

委託されて日々運用管理・運用するための費用のほか、運用報告書を配布したり、分配金を受け取って再投資したりするための費用がかかっています（こうしたものが信託報酬から賄われます）。

コラム1-④ バランス型投資信託、ファンド・オブ・ファンズ

　ラップを語る際に、バランス型投資信託もよく引き合いに出されるのではないかと思います。日本証券業協会の説明によれば、バランス型投資信託とは、「国内の株式や債券、海外の株式や債券など性格の異なる複数の資産を組み合わせて運用する投資信託のこと」になります。投資収益の主な源泉が、株式や債券など特定の資産クラスによるものではなく、いろいろな資産クラスに分散投資するのがバランス型投資信託になります。また、分散するといっても、基本となる資産クラス間の配分があらかじめ決められているものと、ダイナミックに変えていくものがあります。基本ポートフォリオを決め、いろいろな資産に分散投資する、というところはラップに近いようにも見えます。

　では、バランス型投資信託はラップの代替になるのでしょうか？　これは、図1-4で考えるとわかりやすいと思います。投資信託は、どんなものであれ、運用ツール（ビークルと言ったりもします）であって、図1-4の③で登場するものです。投資一任が①～④のプロセスを継続的に提供しようとしているなら、バランス型投資信託でも代替できないというのが答えだと思います。

　ちなみに、投資信託協会の商品分類を見ると、「バランス型」という区分はなく、「資産複合」が該当すると思います。また、複数の資産に投資する投資信託として、「ファンド・オブ・ファンズ」というものもあります。これは、「投資信託に投資する投資信託」ということになります。資産間で分散されて

いるかどうかは、目論見書で確認しないと、何とも言えません。また、日本証券業協会ウェブサイトにもありますが、投資信託の中で投資信託を買うので、「ファンド・オブ・ファンズ」は一般的にコストが高めになることにも注意が必要です。

　投資一任でも同じで、プロに投資を任せること、先に説明したプロセスをアドバイザーにサポートしてもらうこと、資産を管理してもらうこと、などに費用がかかります。このように、費用は提供されるサービスや機能の対価であり、何が提供されるかは商品・サービスなどによってそれぞれで違いますので、「投資信託に比べて投資一任は～」といった単純な比較は適切ではありません（同じ時刻に着くのにグリーン車の値段が普通車より高いのはおかしいというようなものです）。どういったサービスが受けられるのか、そのサービスは自分に必要か、そのサービスに対して提示されている費用を負担しても良いと思うか、を判断基準にすると良いと思います。第5章「ゴールベース資産管理と投資一任」で説明する通り、全部自分でできる人は、他の人に頼む必要はなく、余計な手数料も払わなくていいでしょう（その代わり、専門家などに相談するなど、対価が必要になることはできません）。

　ですが、人間は弱いもので、自分だけで判断するのが怖かったり、ずっと続けていけるだけの我慢強さがなかったりするものです。そこを長期的にサポートしてくれるところに価値があると思えば、対価（手数料）を払う意味があります。大切なのは、長期的に見て、どうすればゴール達成に近づけるかだと思います。三日坊主にならず長期的に続けられるようになれば、それは価値のあることだと思います。また、投

資一任は契約でサポート内容がはっきりわかっていますので、そういった安心感もあります。メディアの報道に踊らされず、自分の目でサービス内容と要求される対価(手数料)を見比べてみてはどうでしょうか。

投資一任は万能ではない

　投資一任は、「投資の実務をプロに任せてしまう」サービスですが、これまで説明したように、何でもかんでもプロにお任せではありません。自分で決めることはたくさんあります。また、投資の実務を任せるプロが、相場の先の先を見通して、急落を事前に避け、儲かるところに早めに投資できるわけではありません。「プロに任せたのだから、(相場変動への対応を含めて)うまくやってくれ」ということにはならないのです。

　投資一任のポイントは、自分の目標に沿って、取ることのできるリスクを決め、それに従って運用してもらうことになります。一山当てるような投資ではないのです。プロに任せるのは、取り決めた方法に従い、想定したリスク内で運用してもらうことであり、資産額の変動が事前に想定した範囲内に収まることが大切です。だから、適切にリスクを設定した投資一任の運用は、長期間の投資に向いた、穏やかな投資手法と言われることもあります。

コラム1-⑤ 複利の効果

　複利とは、簡単に言えば、利子(利金・分配金)にも利子がついて増えていくことです。例えば手元に100万円あり、これ

を預けると1年後に10%の利子、金額で言えば10万円が受け取れるとします。この10万円を使ってしまう、あるいは行き先がなくて手元に置いてしまうと、それ以上増えません。これを単利といいます。そうではなく、この10万円も預けて、これにも10%の利子がつくようにするのが複利になります。銀行の定期預金の説明をよく見ると、利子（税金控除後）を元本に組み入れる旨書いてあるものがあります。これが複利です。

では、単利と複利の差を比較してみましょう。元本100万円を30年間預けられるとして、利率を1%と仮定しましょう。単利の場合の受取額は、以下のようになります。

100万円×（1+1%×30年）=130万円

これが複利になると、

100万円×（1+1%）^{30}=134.8万円

になります。利率が低いのであまりインパクトがないのですが、それでも単利より複利の方がちょっと多くなります。利率が2%だと、20万円くらい違います。こうなると、無視できなくなってきますよね。

第3章「機関投資家はどうやって運用しているか」でも触れますが、年金積立金管理運用独立行政法人（GPIF）の運用利回りは2001年度以降で3.8%程度です。計算を簡単にするために4%としてみると、30年間で単利だと220万円になります。十分大きな額に見えますが、複利だと、324万円強になります。インターネットで検索してみると、「複利は人類最大の発明」と、かのアインシュタインが述べた、という記事がたくさん出てきます。この数字を見るとさもありなんと思います。

リスク資産への投資比率が高く、複利で増えていった、というのが日米の個人金融資産の差の一因と言われています。リスク資産投資は、名前の通りリスクがあって、うまくいかないこともあります。ですが、長期的に見てリスクに対するリターンが期待できるなら、リスクを取らなかった時のリターン差に加え、複利でさらに差がついていくのは、想像に難くないと思います。

投資一任を使うために理解しておきたいこと ☆

　1つ目は、資産運用の理論です。今の投資の世界では、現代ポートフォリオ理論が一つのスタンダードになっています。この理論のポイントは、「リターンは、合理的にリスクを取ることで得られる」というものです。資産運用を行う金融市場はとても効率的な世界ですので、きちんと理屈を知って行動することが大切です。大手機関投資家でも、長期的に資産運用しているところは、現代ポートフォリオ理論を使っています。

　2つ目は、行動ファイナンスです。現代ポートフォリオ理論などの金融や資産運用の理屈がわかれば合理的に行動できるのかというと、我々が人間である以上、それは難しいというのが正直なところです。どうしても相場につられ、我慢ができなくなって、感情で動いてしまいます。金融に関する判断や資産管理において人はどう考える傾向があり、どう間違えるのか、そうならないようにするにはどうすればよいのかを取り扱う理論が行動ファイナンスで、この理論を資産運用実務に落とし込んだものがゴールベース資産管理になります。

　3つ目は、投資一任が生まれ、ここまで大きくなった歴史的な経緯と足もとの動向になります。投資一任は最近出てきたものではなく、米国の社会環境や人々の考え方などが変化していく中で、長い時間をかけてサービスとして確立され、より良いものになってきています。こうした経緯を知り、また足もとの米国マーケットでの位置づけを知ることで、投資一任を使う意味がさらに納得できると思います。

図1-5　投資一任を使うために理解しておきたいこと

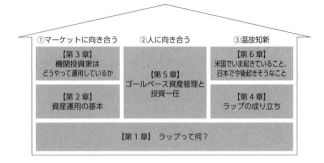

①マーケットに向き合う　　②人に向き合う　　③温故知新

【第3章】 機関投資家は どうやって運用しているか	【第5章】 ゴールベース資産管理と 投資一任	【第6章】 米国でいま起きていること、 日本で今後起きそうなこと
【第2章】 資産運用の基本		【第4章】 ラップの成り立ち
【第1章】　ラップって何？		

出所）筆者作成

　これら3つが、投資一任を使うために理解しておきたいことになります。この本の構成と見比べると、**図1-5**のようになります。図中の①②③が、そのまま3つのポイントに対応しています。以降の章では、それぞれのポイントを深掘りしていきます。

資産運用の基本

BASICS OF
MANAGED ACCOUNTS

個人が長期的に資産運用するには、分散投資が有効です。GPIF などの機関投資家も、将来必要な金額を踏まえながら、まず基本となる資産配分を決め、それに沿って運用しています。資産配分を行うには、投資する先（資産クラス）と、配分する金額（投資する割合）を決める必要があります。

　機関投資家の配分をまねるのではなく、自分のゴールにあった資産配分を選ぶ必要があります。

リターンはどこから来るか ☆

　「投資」、あるいは「資産運用」を行うもっとも大きな理由は、リターン（＝収益）を得たいからだと思います。では、そのリターンがどこから来るか考えたことはありますか？イェール大学で資産運用のトップ（CIO）を長く務められ、2021年に残念ながらお亡くなりになったデイビッド・スエンセン博士によれば、リターンの源泉には、**図2-1**にあるように「資産配分」、「マーケット・タイミング」、「個別銘柄選択」の３つがあるそうです（故スエンセン氏の著書『勝者のポートフォリオ運用』はすでに書店での取り扱いが終わっておりますが、第２版が『イェール大学流投資戦略』（パンローリング）として翻訳出版されています。『ゴールベース資産管理入門』４章でもエッセンスが確認できます）。

　株式投資というと、「どの銘柄が儲かるだろうか？」という発想になりがちです。これは「個別銘柄選択」になります。投資する銘柄をうまく選ぶことができれば高いリターンが得られますが、失敗すれば損につながります。

　次に、「マーケットも下がってきたし、今が買い時では？」と考えて投資するのが「マーケット・タイミング」になります。マーケットの今後の上げ下げを推測して売買することでリターンを狙います。「今は株式よりも債券だよ

図2-1　リターンの３つの源泉

出所)『勝者のポートフォリオ運用』より筆者作成

な」「株式が下落しそうだから、キャッシュに変えておこう」といった、タイミングを見ながら投資対象を変更する投資方法もここに入ります。タイミングや投資先をうまく選ぶことができれば高いリターンにつながりますし、できなければ、あなたが売った資産を買った、あなた以外の誰かに負けてしまうことになります。

これに対し、「資産配分」は、保有している資金をどう配分するかでリターンを得ようとする方法になります。配分する先は、株式や債券などになります。リスクは高いがリターンも高い株式に多く配分することで、投資資産全体のリターンが高くなると期待できます。一方、リスクの低い債券に多く配分することで全体のリターンが低くなると期待できます。先の２つのように高いリターンを狙うのではなく、取ったリスクに応じてリターンが得られると考え、何にどれくらい投資してどれくらいのリスクを取って運用するかを考える方法です。

どの方法が良い？

リターンの源泉が「資産配分」、「マーケット・タイミング」、「個別銘柄選択」とあるのなら、どれを選ぶのが良いのでしょうか？　故スエンセン氏によれば、この３つに優劣はなく、資産運用の目的や投資家の求めるものによって選べばよいとのことです。とはいえ、個別銘柄選択にはかなりの時間や調査の手間がかかります。日本取引所グループのウェブサイトによれば、上場会社数は2021年６月30日時点で、第一部に限っても2,190社、市場全体では3,782社にものぼります（2022年４月からは「プライム市場」「スタンダード市場」

「グロース市場」の3つの新しい市場区分に移行）。これらを
すべて常に評価しながら、ほかの銘柄よりもリターンがよさ
そうなものを選んで購入し、売り時が来たらすぐに売却する
必要があります。これをずっと繰り返していく覚悟と時間・
スキルがあれば、個別銘柄選択でリターンが得られるかもし
れません。

　マーケット・タイミングについても、何を買って何を売る
のか、ずっと投資対象を評価し、タイミングを見計らって、
より良いと思われるものに乗り換えていく必要があります。
一瞬のチャンスを逃さないよう、多くの時間を投入しないと
いけないかもしれません。こうしてみると、一個人が、長期
的に資産を形成していくためには、「資産配分」を選ぶのが
賢明な選択になってきます。

　表2-1は、年金積立金管理運用独立行政法人（GPIF）が
公表している「2020年度業務概況書」からの抜粋です。
GPIFは、我々の国民年金・厚生年金を運用している世界最
大級の機関投資家で、運用資産額は186兆円にもなります。
表は、この運用の成果をまとめたものになります。

　表の見方を説明しましょう。縦方向が運用年度です。1年
間の運用成果が1行にまとまっています。横方向は、運用資
産全体の収益率（パフォーマンス）と、その要因を調べたも
の（要因分解）になります。「GPIFの収益率」の欄が実際の
運用成果になり、その右横の「ベンチマーク収益率」が、
「あらかじめ考えておいた資産配分で運用したと想定した場
合の収益率」になります。GPIFでは、「基本ポートフォリ
オ」という、基本となる資産配分（資産構成割合）を定め、
これをベースとして実際に運用しています。もしこの基本ポー
トフォリオ通りに運用していれば、「ベンチマーク収益

表2-1　GPIFの超過収益率と、その要因分解

(単位：%)

	収益率			資産全体の超過収益率の要因分解				
	GPIFの収益率❶	ベンチマーク収益率❷	超過収益率❶-❷	資産配分要因①	ベンチマーク要因②	ファンド要因③	その他要因(誤差含む)④	寄与度①+②+③+④
2006年度～2020年度	3.86	3.89	−0.03	−0.03	+0.02		−0.01	−0.03
2006年度	4.56	4.64	−0.08	−0.06	−0.00		−0.02	−0.08
2007年度	−6.10	−6.23	+0.13	+0.17	−0.02		−0.02	+0.13
2008年度	−7.57	−8.45	+0.88	+0.90	−0.12		+0.11	+0.88
2009年度	7.91	8.54	−0.63	−0.70	+0.08		−0.01	−0.63
2010年度	−0.25	−0.02	−0.23	−0.26	+0.12		−0.09	−0.23
2011年度	2.32	2.59	−0.27	−0.19	−0.01		−0.07	−0.27
2012年度	10.23	9.00	+1.24	+1.40	+0.03		−0.19	+1.24
2013年度	8.64	7.74	+0.90	+0.92	−0.06		+0.04	+0.90
2014年度 10月30日まで	3.97	3.50	+0.46	+0.47	−0.03		+0.02	+0.46
2014年度 10月31日以降	8.19	9.98	−1.78	−1.99	+0.01		+0.19	−1.78
2015年度	−3.81	−3.81	+0.00	+0.21	−0.15		−0.06	+0.00
2016年度	5.86	6.22	−0.37	−0.66	+0.33		−0.04	−0.37
2017年度	6.90	7.26	−0.37	−0.36	−0.00		−0.01	−0.37
2018年度	1.52	1.92	−0.40	−0.38	+0.02		−0.04	−0.40
2019年度	−5.20	−4.94	−0.25	−0.20	−0.05		−0.00	−0.25
2020年度	25.15	24.83	+0.32	+0.15	−0.17	+0.37	−0.03	+0.32

注1) 通期のGPIF の収益率及びベンチマーク収益率は、各年度の収益率を用いて幾何平均により算出しています（年率換算値）。
注2) 2006年度から2007年度までは市場運用分の収益率（時間加重収益率）と複合ベンチマーク収益率の乖離の分析、2008年度から2019年度までは運用資産全体（市場運用分にそれ以外の財投債を含みます。）の収益率（修正総合収益率）と複合ベンチマーク収益率の乖離の分析、2020年度は運用資産全体（市場運用分にそれ以外の財投債を含みます。）の収益率（時間加重収益率）と複合ベンチマーク収益率の乖離の分析を行っています。
出所) 年金積立金管理運用独立行政法人「2020年度 業務概況書」

率」の欄にあるリターンが得られたものと考えます。そして、その右横の「超過収益率」が、実際のパフォーマンスと基本ポートフォリオのパフォーマンスの差になります。基本ポートフォリオからの資産配分のずれ、各資産の運用内容と基本ポートフォリオとの違い（組み入れ銘柄の違い、運用を委託したマネージャーの巧拙など）などから、この「超過収益率」が生まれてきます。

この関係を式にするとこのようになります。

GPIFの収益率 － ベンチマーク収益率 ＝ 超過収益率

コラム2-① **資産クラスの特徴** **(a) リスク・リターン**

　資産クラスはどうやって分けるのでしょうか。一番わかりやすいのは、リスクとリターンだと思います。リスクを取る対価としてリターンが期待できますので、これらは別々のものではなく、つながりの強いものとして、ここでは考えます。リスクが大きく期待されるリターンも大きいものとしてまず思い浮かぶのは株式になります。一方で、リスクが小さく期待されるリターンも小さい資産クラスの代表は債券になるでしょう。リスクに注目すると、このように分けることができます。

　では、リスクが大きいものを少しだけ持って、残りの資金は投資せずに手元に置いたら、リスクが小さいものに全額を投資したのと同じになるのでは？　この発想は面白いのですが、株式は薄めても債券にはなりません。これはコラム2-②で説明しましょう。

　なお、リターンが期待できるのは合理的なリスクを取った場合であって、無茶なリスクを取ってもリターンにはつながりません。これは、『人生100年時代の資産管理術』の第3章に、レーシングドライバーがヘルメットを着用しないなどの（合理的でない、あるいは意味のない）リスクを取っても、リターンである賞金は増えないという面白いたとえが紹介されています。

　話を戻すと、資産運用に関しては合理的に行動することが大切で、そのためにはこの本で繰り返しお伝えしているように、「金融に関する理論・考え方を理解する」「合理的であるために、行動ファイナンスの知見を活用する」ことが大切です。

この超過収益率を年度ごとに見ると、2012年度などうまく

いっている年もあれば、2014年度後半のように大きくマイナスになる年もあります。ですが、2006年度から2020年度までを累積すると、「2006年度〜2020年度」の欄にあるように、超過収益率はほとんどゼロになります。いろいろ工夫してみても、結局のところは資産配分でほとんど決まるという良い証拠ではないかと思っています。

　そして、「資産配分要因①」より右側の列が、この超過収益率の内訳になります。

超過収益率 ＝ 資産配分要因①＋ベンチマーク要因②＋
ファンド要因③＋その他要因④

　「資産配分要因①」が基本ポートフォリオから資産配分をずらしたことによる効果になり、「マーケット・タイミング」に相当します。また、「ベンチマーク要因②＋ファンド要因③」は、2015年度の業務概況書までは「個別資産要因」と呼ばれており、国内株式など個別の資産の中で生じた要因ですので「個別銘柄選択」に相当します。いずれにしても、継続してプラスに寄与しているものはなく、資産配分以外で長期的に安定してリターンを求めるのが難しいことが見て取れます。こうしてみても、個人が、自身の金融資産の大半を、長期的に管理・運用するという目的であれば、「資産配分」からリターンを得ることが重要だと思います。

　ちなみに、「ベンチマーク要因②」および「ファンド要因③」の説明は、業務概況書の「複合ベンチマーク収益率との乖離の要因分析」の欄に記載されています。GPIFの実務では、各資産クラス内での実際の投資は、委託先の外部マネージャーが行います。その外部マネージャーが使っているベン

チマークがGPIFのものと違うことによる乖離が「ベンチマーク要因②」になり、また、その外部マネージャーの運用成果を、その外部マネージャーが使っているベンチマークと比較したものが「ファンド要因③」になります。

資産配分とは ☆

　では、あらためて「資産配分」について確認しましょう。資産配分は英語表記から「アセットアロケーション」と呼ばれることもあります。投資しようとしているお金を投資対象ごとに分けること、あるいはお金の分け方を資産配分と言います。**図2-2**はGPIFの資産配分になります。資産配分を行うためには、①投資対象を何にするか、②それぞれにどれくらいの割合で投資するか、を決める必要があります。

　資産配分という文脈では、①の「投資対象」のことを「資産クラス」と呼びます。個別の株式や債券ではなく、国内株式、外国株式、といった大きなまとまりで考えます。この時

図2-2　GPIFの資産配分

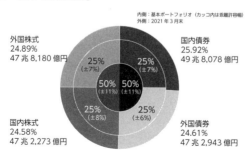

内側：基本ポートフォリオ（カッコ内は乖離許容幅）
外側：2021年3月末

外国株式
24.89%
47兆8,180億円

国内債券
25.92%
49兆8,078億円

25%
(±7%)

25%
(±7%)

50%
(±11%)

50%
(±11%)

25%
(±8%)

25%
(±6%)

国内株式
24.58%
47兆2,273億円

外国債券
24.61%
47兆2,943億円

出所）年金積立金管理運用独立行政法人「2020年度 業務概況書」

に、そもそもどういった資産クラスがあって、どれが投資対象となるのかをまず考える必要があります。個人であれば、国内株式、外国株式（日本以外の株式）、国内債券、外国債券、オルタナティブ、あたりが資産クラスの候補になると思います。先進的な大手機関投資家では、専門のチームがそうした投資哲学や実務を常に考え、資産クラスを定義し新しい資産クラスを探しています。資産を組み合わせて「複合資産クラス」を作ることもあります。

それぞれの資産クラスの役割

　資産クラスには、伝統的なもの（伝統的資産）と新しいもの（オルタナティブ）があります。伝統的資産の代表は株式、債券になります。オルタナティブとは「代わりとなる」「新しい」という意味の英語で、「代替資産」と呼ばれることもあります。コモディティ（金や原油などの商品）やヘッジファンドなどがオルタナティブに入ります。不動産もREIT（リート）という形のものはかなり浸透してきましたが、そこに入ってこないようなものはオルタナティブとして扱われます。また、オルタナティブには、新しい投資手法も入ってきますので、伝統的資産である株式を対象としていても、ロングショートや絶対リターンといった、株式市場のリスクを取らないようにしている投資手法もオルタナティブになります。厳密な定義があるか不案内ですが、プライベート・エクイティ（PE）投資やベンチャー・キャピタル（VC）投資もオルタナティブに分類されるようです。

コラム2-② 資産クラスの特徴 （b）相関

　株式と債券が全く同じように動いて、違うのがリスクの大きさだけであれば、コラム2-①で疑問を持ったように、資産クラスとして分けるまでもないかもしれません。カギとなるのは、「同じように動いて」という考え方です。ここで、同じように動くかどうか確認する対象は、それぞれの価格です。価格の動きというのは、すなわちリターンですので、実務的にはリターンを比較します。そうすると、必ずしも同じようには動かず、債券価格が上がっている（債券のリターンがプラスの）時に株価が下落している（株式のリターンがマイナスの）こともよくあることがわかるでしょう。つまり、株式を薄めても債券になりません。

　この「動き方が違う」ということが、資産クラスとして別だという主張につながります。この「動き方の違い」「同じように動く度合い」は、「相関」という考え方で取り扱います。同じように動く度合いが高ければ「相関が高い」、動き方にあまり関係がなさそうであれば「相関が低い」ということになります。「全く逆方向に動く」というあまのじゃくな関係も考えられます。この場合は「逆相関」と言います。資産クラスを組み合わせる時には数字で計算しますので、もう少し厳密になりますが、資産クラスの選び方、組み合わせ方の基本としては、「同じように動くなら、資産クラスとして分けるまでもない」ので、できるだけ動き方が違うものが好ましくなります。できれば逆相関のものがいいですが、いずれも世界経済という同じ環境の下に存在していますので、なかなかそういった理想的な資産クラスはそろえにくいというのが実情です。

　なお、相関を数字で表したものが「相関係数」になります。実務ではこの「相関係数」を使います。相関係数を略して「相関」とだけ表記することもあります。

伝統的資産に求めるものは、長い間マーケットで検証され
てきた実績になります。その中で、株式は、リスクはあるが
長期的には高い収益が期待でき、インフレへの備えにも使え
る資産クラスで、債券は価格変動が少なく定期的なインカム
が期待できる資産クラスになります。流動性が重要な場合に
は、伝統的資産が頼りになります（価格変動は大きいです
が、上場株式も基本的にはいつでも売れるので流動性がある
と考えられます）。

　オルタナティブには、新しい収益機会や、伝統的資産との
連動性（相関）の低さを期待します。一方で、流動性の低さ
や運用実績の少なさなどがオルタナティブのリスクになりま
す。売却できるタイミングが限られているものもあります
し、そもそも最低購入金額や売却単位の制限が厳しい場合も
あります。運用実績については、長期で運用することを考え
ると、さまざまな経済環境、相場環境でどう価格が変動する
のか、実績が少ない投資対象は少し心配です。

投資する割合の決め方①
──資産クラスの特性を決める

　投資する資産クラスを決めたら、次に行うのは、それぞれ
の資産クラスにどれくらいの割合で投資するかを決めること
です。そのためにはまず、それぞれの資産クラスの、運用に
おける特性を決めます。具体的には、リスクはどれくらい
か、リターンは長期的にどれくらいが期待できるのか、他の
資産クラスとどれくらい同じように動くのか、を定量的に
（数字で）表していきます。長期的な運用を考えているので
あれば、相場の動きを主観的に予測するのではなく、ある程

度客観的な方法で、定期的に決めていくのが良いと思います（主観的に予想し、資産配分を常に変えていくのは、先に紹介した「マーケット・タイミング」を狙う投資手法になり、目指す長期運用から外れていってしまいます）。

　これらが決まったら、それぞれの資産クラスごとの投資割合を決めていきます。

投資する割合の決め方②
——資産クラスごとの投資割合を決める　☆

　投資割合を決める方法は、ハリー・マーコウィッツが1952年に発表した「ポートフォリオ選択」という考え方がベースになります。もともとポートフォリオとは「紙を入れる平らなケース」を指し、これに有価証券を入れていたことから、投資資産をまとめたもの（中身や金額）も意味するようになったようです。

　マーコウィッツは後の1990年にノーベル経済学賞を受賞しましたので、この理論を使って資産配分を決めて「ノーベル賞を受賞した投資理論を活用！」と謳っているものもありますが、理論が作られてもう70年にもなるので少し大げさな気もしますし、スタンダードな手法になっているので差別化につなげるのは難しいでしょう。なお、「ポートフォリオ選択」が契機となって発展した理論体系を「現代ポートフォリオ理論」といいます。もとの英語がモダン・ポートフォリオ・セオリー（Modern Portfolio Theory）なので、略してMPTと言われることもあります。

コラム2-③ 資産クラスの特徴 （c）もう少し細かく見ると

　本文で紹介した、マーコウィッツの提唱した方法（平均分散アプローチ）では、資産クラスごとにリスク、リターン、相関係数の3種類の情報があればポートフォリオを作ることができます。最適な資産配分を考える場合の基本はこれになります。株式と債券を組み合わせて効果があるのは、相関があまり高くないからですし、オルタナティブに期待されるのは、リターンに加えて、伝統的な資産クラスと相関が低いことになります。

　では、これだけで資産クラスの違いが表せるのか、というと、もっといろいろ考えることが出てきます。世の中や経済環境の動きを表すものとしては、物価、金利、為替、経済成長率、などさまざまあります。資産クラスごとにこれらの指標とどれくらい同じように動くかの度合いが違います。こういった考え方に従って資産配分を考える方法もあります。また、固定利付債券は、デフォルト（債務不履行）等がなければ、あらかじめ決められたキャッシュフローが期待できるため、払い出しのための原資に使うことができますし、株式は長期的に経済成長による果実が期待できます。また、株式にはインフレ対応という機能も期待されますが、そうした目的にはコモディティ（金や原油などの商品への投資）や、不動産などの実物資産の方がふさわしいかもしれません。こうした各資産クラスの機能面に注目して資産配分を考える方法もあります。

　資産規模や自分のスキル、使えるリソース（時間や調査にかかる費用など）に応じて、どこまで細かくやるか考え、普通の個人レベルでは、平均分散アプローチをベースに少しアレンジするくらいでよいのではないでしょうか。

　マーコウィッツの「ポートフォリオ選択」がもたらしたのは、①リスクの定義、②資産を組み合わせることでリターン

を犠牲にせずにリスクを減らすことができる、という、当時としては革新的な2つの考えです。それまでは高いリターンが期待できる銘柄をいかに選択するか、という考え方でしたが、マーコウィッツによってリスクを考慮するという考え方が導入されました。ちなみに、リスクは、リターンの変動の大きさで定義します。また、資産の組み合わせについては、「同じリスクを取るなら、リターンが高いほうが良い」「リターンが同じなら、リスクは小さいほうが良い」という考え方になります。高リスク・高リターンの投資先か、低リスク・低リターンかの2択ではなく、この2つをいろいろな割合で組み合わせることで選択肢が増え、さらにはリスクとリターンのバランスがより良いポートフォリオが見つかるというのがマーコウィッツの考え方になります。この方法は、「平均分散アプローチ」と呼ばれることもあります。リターンの期待値(平均)と分散を使って最適な資産配分を求めるからです。相関係数は名前に入っていませんが、「分散」の範疇に入っています。

なぜ組み合わせることが良いのか

　組み合わせることでリスクとリターンのバランスが良くなる理由は、資産によってリターンの現れ方が違うからです。全く同じ動きをする資産をいくら組み合わせても全体の動き方は変わりませんが、ある資産が好調な(リターンが高い)時に、別の資産が良くない(リターンが低い)場合には、これらを組み合わせるとお互い支えあって(打ち消しあって)リターンの動き方がマイルドになります。つまりリスクが小さくなる可能性があるということです。どれくらい一緒に動

くか（別々に動くか）は「相関」という考え方で判断します。相関が低いほど組み合わせの効果は大きくなります。相関の値（相関係数）は、定義上、−1から1の間になります。相関係数が1だと完全に同調して動き、−1だと全く逆方向に動きます。相関係数が0の場合はお互いに「我関せず」で勝手に動きます。これを無相関ともいいます。

コラム2-④ 期待リターン

　リターンは日本語では「収益率」と書くこともあります。投資して得た利益（あるいは損失）を投資元本で割ったものがリターンになります。また、日々の値動き（変動幅）を前日の価格で割ったものもリターンです。こちらの場合は実際に利益が出たわけではありませんが、リターンは計算できます。また過去に起こったことであり、誰が計算しても同じリターンになります。過去のもので値はすべてわかっているとはいえ、日々のリターンは毎日違いますので、リスクも存在します。ここで言うリスクは、リターンのブレ方の激しさになり、専門的には「リターンの標準偏差」ということになります。

　さて、表題の「期待リターン」は、今説明したリターンとどう違うのでしょうか。「期待」とは、リターンのようにブレがあるものに対して、それぞれが起こると想定される確率を織り込んで計算した値である「期待値」を意味します。期待値は「平均」とも呼ばれます。過去のリターンの平均と何が違うのかというと、ちょっと説明が難しいのですが、単なる数字の平均を取っただけではなく、リターンにはリスク（リターンのブレ）があるので、ブレる確率を考慮して求めたリターンだと理解してください。

　過去に起こったこと、つまりわかっている（既知の）データを使って単に計算するだけなら簡単です。しかし、投資は未確定の将来に対して行うものであり、今説明したようなリターンもリスクも、起こってみないと実際の値はわかりません。ですの

で、いろんな方法を使って「こんなものではないか」と推計したうえで投資判断することになります。期待リターンの「期待」には、上の説明（数学的な理解）のほかに、こうした「将来のことを推定しています」という意味も含まれます。推計なので人によって違ってきますし、このリターンが保証されるわけでもありません。あくまで、その資産をどう見ているか、どんな特性か、他の資産と比較したり組み合わせを検討したりするための値です。

コラム2-⑤ 期待リターンの求め方

　期待リターンの推計でよく使われるのは、①過去のデータを使って計算したリターンをそのまま使う方法、②過去のデータの処理方法を工夫して求める方法、③何らかの予想を入れて試算する方法、などになります。①が最も単純な方法で、ナイーブ予測とも言われ、「将来は過去の延長線上にある」「データが集まれば集まるほど、リスクやリターンといったその資産の特性がわかってくる」という仮定に基づきます。そうすると、過去のデータが増えるにしたがって、過去のことがより理解できる（＝将来がもっと理解できる）ということになります。②は例えば、「遠い過去より近い過去の方が、将来に近いのではないか」という考えに基づいたものです。最近の社会の変化は激しいから、これから先のことを考えるのに、20年も30年も前のことは役に立たないだろう、という考え方ですね。この場合は、①のようにすべてのデータを同じように扱うのではなく、近い過去のデータだけ使う、近い過去のデータをより重要視する計算方法を使うなどの方法が取られます。使うデータがあまりに短いと、景気サイクルを無視してしまうこともあります。1年程度のデータで数年、十数年先までの投資を考えるのか、という疑問もあります。技術的には、大暴落など影響の大きなデータが計算期間に入るかどうかで結果が大きく変わる

問題もあります。たとえば、過去5年分のデータを使うという
ルールだと、大暴落から5年が過ぎると、その大暴落のデータ
が計算に使われなくなります（大暴落がなかったことに!!）。
昔になるにしたがって少しずつ影響が小さくなるような計算方法
もありますが、計算がどんどん複雑になります。
　「経済成長率や金利環境が前とは違うよね」というのもこの
発想です。この場合、過去のリターンからインフレ率や短期金
利を引いて、残りの部分（リスクプレミアムと言います）だけで
計算し、足もとのインフレ率や金利を加えてリターンの推計値
にします。これは期待リターンを「インフレ率や短期金利」と
「リスクプレミアム」というブロックに分けて積み上げる方法な
ので「ビルディングブロック法」とも呼ばれます。③は、期待リ
ターンを直接予想するのではなく、将来の経済状況などを予想
し、そこからリターンを推定するもので、将来を予想する（先
を見る）ということから「フォワードルッキング法」と呼ばれるこ
ともあります。いずれも、哲学というほどではないかもしれま
せんが、期待リターンに対する思想・考え方が根底にあります
ので、よく理解したうえで、何を使うか考えるとよいと思いま
す。他のものに比べて絶対的に優れている方法は今のところな
いので、最後は哲学に対する好みだと思います。

　この組み合わせの効果は、これまで説明した「資産クラ
ス」でも、もっと小さい単位の「個別銘柄」でも有効です。
いずれにしろ、動き方の違いがあるものを組み合わせるとリ
スク低減の効果があります。そして、リスクを小さくするた
めにこの「組み合わせの効果」を使っても、リターンには影
響しません。実際、リスク、リターンいずれも同じ値をもつ
2つの資産を組み合わせると、この2つの資産の間の相関が
1より小さければ、組み合わせてできるポートフォリオのリ
スクは元の値より小さくなります。でも、リターンは2つの
資産のリターンだけから計算するので、元の値のままです。

リターンを犠牲にしない（「リターンを減らす」という費用を払わなくてよい）ことから、「組み合わせの効果」は「フリーランチ」だと言われます。フリーのランチなので、日本語だと「ただ飯」となります。「ただより怖いものはない」という言葉もありますが、「組み合わせの効果」は誰でも得ることができる、怖くないフリーランチ（ただ飯）です。

もっともよい組み合わせ——効率的フロンティア ☆

リスク、リターン、相関を使いながら、より良い（最適な）資産の組み合わせを探す方法を「ポートフォリオ最適化」といいます。資産の組み合わせ方は無数にあります。この中で、「同じリスクを取るなら、リターンが高いほうが良い」「リターンが同じなら、リスクは小さいほうが良い」という考え方に従って、より良い組み合わせを探索していくと、どんなに組み合わせを変えても「これ以上無理！ 良くならない！」という限界が見えてきます。この「ここから先は進めない」境界線のことを「効率的フロンティア」、あるいは「有効フロンティア」と呼びます。「フロンティア」とは、境界や最先端という意味ですので、まさにそのままの名前です。ちなみに「効率的」の方は、能率的な、効率のいい、という意味のefficient（エフィシェント）という単語からきています。「リスク・リターンで見て、これ以上効率が良くならないぎりぎり（最先端）のところ」が効率的フロンティアです。

図2-3 (a) はマーコウィッツの「ポートフォリオ選択」に載っている、効率的フロンティアのイメージ図です。縦軸のVはリスク、横軸のEはリターンになります。また、

"attainable"（達成できる）と書かれている円の中が、実現可能なリスク・リターンの範囲になります。資産の組み合わせ（ポートフォリオ）はいろいろ考えられますが、その結果として計算されるリスク・リターン

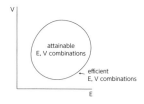

図2-3 (a) 「最初」の効率的フロンティア

出所）マーコウィッツ「ポートフォリオ選択」

には取りうる範囲に限界があるということです。そして、この限界のライン（取りうる範囲とそうでない範囲の境界線、図中では"efficient E, V combinations"）が「効率的フロンティア」になります。

　もう少し具体的に説明しましょう。円に重なるように水平な線を1本引いてみると、「同じリスクの値になるポートフォリオの集まり」を表すことができます（**図2-3 (b)**）。この線上を右に行けば行くほど、「同じリスクでリターンが高いポートフォリオ」ということになるのですが、残念ながら、もともと描いてある円より外のポートフォリオは作ることができません。なので、もともとの円の上にあるものがもっとも良いポートフォリオで、こうした点が集まってできているこの円がこれ以上ないという限界、つまりフロンティアになります。

　ちなみに、マーコウィ

図2-3 (b) 効率的フロンティアを理解しよう

出所）マーコウィッツ「ポートフォリオ選択」より筆者作成

ッツの「ポートフォリオ選択」では、efficient surfaceと表記されています。日本語にすると「効率的曲面」といった感じでしょうか。ポートフォリオを作ることができる範囲あるいは領域を包む表皮といったニュアンスになると思います。

効率的フロンティアの作り方

　証券実務に詳しい方は気づいたかもしれませんが、マーコウィッツの示した効率的フロンティアの形は、現在我々が使っている「効率的フロンティアの図」と縦横が入れ替わっています。P47の**図2-4**に、現在我々が見ている効率的フロンティアの図を用意しました。縦軸がリターン、横軸がリスクになります。また、今使っている図では効率的フロンティアの右下側が、**図2-3 (a)** のマーコウィッツの円の中に相当します。この範囲にいろいろな資産配分（最適ではない資産配分）があり、「同じリスクを取るなら、リターンが高いほうが良い」「リターンが同じなら、リスクは小さいほうが良い」という考え方に従って、**図2-4**にあるように黒丸の「最適ではない」ポートフォリオから矢印をたどると、効率的フロンティアにぶつかります。この、効率的フロンティアの線上にある資産配分が、「最適な資産配分」ということになります。効率的フロンティアの線の上はすべて最適な資産配分（最適資産配分）ですので、どれを選んでもよく、図の2つの点だけが選択肢ではありません。リスクとリターンの両方をバランスよく改善するような（左斜め上にある）資産配分を選んでもよいです。

コラム2-⑥ 効率的フロンティアの作成はけっこう大変

　効率的フロンティアは、人力では求めることが難しく、コンピューターで計算して求めます。「同じリスクを取るなら、リターンが高いほうが良い」と言葉で書くのは簡単ですが、たくさんの資産がある場合、同じリスクになる組み合わせのパターンも膨大になります。これを地道に調べていって最もリターンが高くなる資産配分を探すのです（図で言うと、矢印を1本描くイメージ）。これは、最適化法などと呼ばれ、最も良い答え（最適解）を探すロジックは数学的に研究されていますが、最後は計算パワーに任せた力作業です。最近では量子コンピューターで最適ポートフォリオを探すという話も出ているくらいで、思いのほか大変なのです。

　また、効率的フロンティアは1本の曲線です。今説明したのは、「あるリスク水準に対する、最もリターンが高くなる資産配分の求め方」ですので、1つの点が定まるだけです。効率的フロンティアの曲線を引こうとすると、リスク水準を少しずつ変えながら同じことを繰り返さないといけません（図で言うと、矢印を何本も書き、それらの先をつないで曲線にするイメージ）。

　これを黙って計算してくれるコンピューターには感謝ですし、普通の人である我々が、昔は機関投資家しかできなかったこうした理論を使えるのも、情報技術が進歩し、コストが低下したことの賜物です。

効率的フロンティアの描き方

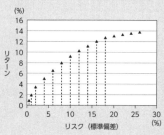

出所）筆者作成

図2-4 効率的フロンティアと、さまざまな資産配分

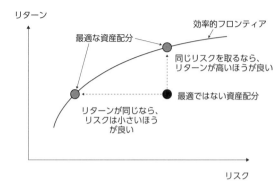

出所）筆者作成

なお、図2-4の効率的フロンティアより上や左は、選択できない範囲です（そんな資産配分はないということ）。怪しい広告で、リスクは低くリターンが高い投資を謳っているものがありますが、効率的フロンティアが理解できていれば、そんなものは存在しないということがすぐにわかると思います（ごく短期的には可能でも、長期的にはありえません）。

自分のための配分

機関投資家も基本的にはこの考え方を使って資産配分を決めています。であれば、投資する資産クラスにしても、投資する割合にしても、有名な機関投資家が使っているものをそのまま使えばいいじゃないかという気がするかもしれません。果たしてそうでしょうか？

図2-3、図2-4にあるように、「効率的フロンティア」

は最も良いポートフォリオが集まってできています。つまり、この線の上にあるポートフォリオはどれも、「同じリスクを取るなら、リターンが高いほうが良い」「リターンが同じなら、リスクは小さいほうが良い」という基準を満たしていて、どれもいわゆる「最適なポートフォリオ（最適ポートフォリオ）」になります。これらを比較して「一番良いもの」を決めるのは無理です。であれば、何らかの基準でポートフォリオを選ぶ必要があります。年金基金といった機関投資家は、今後のキャッシュフロー（支払額や拠出額）から運用結果として求めるリターンの水準を決め、それをもとに資産配分を選びます。

　個人では、機関投資家ほど将来のキャッシュフローが定義しにくいこともあり、今後必要となるお金を睨みながら、取りうるリスクに応じたポートフォリオを選ぶのが良いでしょう。

コラム2-⑦ なぜ効率的フロンティアはあんな形（上に凸）なのか

　機関投資家向けのサービスを必要とするような先を主な対象として野村證券が発行している冊子「CIO Monthly」に、「各資産の期待リターンとリスク」が掲載されています（右図）。これを見ると、各資産クラスは、リスク・リターンという観点では、何となく直線的に並んでいるように見えます。図中のグレーの矢印は、この関係がわかりやすいよう著者が書き加えたものです。リスクを取れば必ずリターンが得られるわけではないのですが、リターンを得るためにはある程度のリスクが必要だ、ということはわかります。

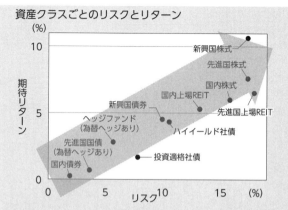

資産クラスごとのリスクとリターン

出所）野村フィデューシャリー・リサーチ&コンサルティング作成のグラフ（「CIO Monthly」掲載）に筆者加筆

　一方で、効率的フロンティアは、直線ではなく上に膨らんでいるように見えます。実際のところ上に膨らんでいるものですが、それはなぜでしょうか？

　答えは「相関」にあります。資産配分を考える上での相関とは、2つの資産クラスがどの程度同じように動くか（同じように上がったり下がったりするか）を表す指標になります。もし2つの資産がまったく同じように動くとしたら？　効率的フロンティアは直線になります。

　資産クラスを組み合わせて作る「ポートフォリオ」では、リスク、つまり標準偏差は、組み入れた資産クラスの標準偏差と組み入れ比率、そして資産クラス間の共分散によって計算できます。共分散の説明は省きますが、相関は共分散の中に織り込まれています。そして、2つの資産クラスがまったく同じように動く（相関係数が1になる）場合、ポートフォリオのリスクは、リターンと同じように計算します。単に組み入れ比率を勘案して平均した値になるのです。この場合の効率的フロンティアは、下図左のように直線になります。

　一方、2つの資産クラスの動きに「ずれ」があれば、分散の効果が働きます。リスクは2つの資産のリスクを単に平均する

のではなく、相関が低くなった分が織り込まれて少し小さくなるのです。リスクが小さくなるということは、グラフ上では左に寄ることになります。

　こうして、効率的フロンティアが膨らんでいき、下図右のような、「いつも見ている形」になります。この形は上に凸と表現します（左に凸とは言いません）。

いろいろな「効率的フロンティア」

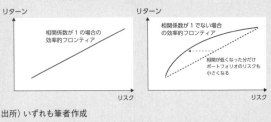

出所）いずれも筆者作成

資産配分の管理　☆

　こうして決めた資産配分でも、それに沿って実際に資産運用を始めると、時間が経つにつれてずれていきます。もともと、動きの違う資産を組み合わせて分散投資しているので、株価が上がって債券価格が下がった、というのはよくありますし、これがすぐに戻らずしばらく続いてもおかしくありません（それがリスクを取るということです）。そうすると、決めておいた資産配分からずれてきます（乖離すると言います）。今あげた例では、気がつくと思いのほか株式の割合が高くなっていることになります。債券よりも株式の方がリスクは高いので、株式の比率が高まれば、資産全体の（ポートフォリオの）リスクも高くなってしまいます。結果として、

リスクを取りすぎた状態になり、もし大きな株式の下落があれば、想定外に大きなマイナスリターンになって慌てることになるでしょう。逆に、株価が下がると、株式への配分が減ってしまいます。資産全体のリスクが小さくなってよいか、というと、これも困りもので、大きな株式の上昇があったときに、期待していたリターンが得られないということになりかねません。

そうならないように、ずれてしまった資産配分を戻す作業を「リバランス」と言います。値上がってしまっている資産を売り、下落している資産を買うので、何となく利益確定や底値買いのイメージもありますが、リバランスはリターンを求めるものではなく、リスク管理のために行う作業です。

コラム2-⑧ 効率的フロンティアは、実は1つではない（その1）

効率的フロンティアは限界ラインという話をしましたが、誰が描いてもどう描いても限界が1つかというと、実は違います。資産配分を考えてよい範囲というのがあるのです。専門的には「制約条件」と言います。例えば、「売り建てしない（ある資産クラスへの配分はマイナスにならないようにする）」「100%以上投資しない（レバレッジはかけない）」などが制約条件です。投資家の好みによっては、「株式への配分はこの程度までにしたい」「この資産は少なくともこれくらいは組み入れたい」という制約条件が課されるかもしれません（実際には、数字できちんと表します）。

制約条件は「足かせ」ですので、条件が増えれば増えるほど、また厳しい条件になればなるほど、効率的フロンティアは下がっていきます。「制約がなければ、もっといい資産配分があるのに……」ということです。

逆に、新しい資産クラスを見つけ、組み入れることで、効率的フロンティアが上がっていきます。最適な資産配分を探す範囲が広がり、もっといい資産配分が見つけられるようになったということです。こちらは、リスクは高いが高いリターンも狙える新興国株式を加える、既存の資産クラスと相関が低くより大きな分散効果が期待できるコモディティやヘッジファンドなどに投資する、などで実現されてきています。ヘッジファンドなど新しい資産クラスを伝統的な資産クラスと同列に扱って効率的フロンティアを求めることに懐疑的な人もいます。その場合、平均分散アプローチで一律に扱うのではなく、オルタナティブは別枠で配分を決めることになりますが、効率的フロンティア自体は改善します。

前提条件によって、効率的フロンティアは変化する

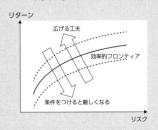

出所）筆者作成

自分の選択によって効率的フロンティアが変わること、また、一番上にある効率的フロンティアが自分にとって適切なのではなく自分の好みや許容範囲にあったものが最も適切だということ、は理解してください。

このリバランスに関しては、ルールを厳しくしてあまり頻繁に行うと、コストなどの問題で逆効果であることが知られています。車を運転する人ならわかると思いますが、ハンドルに「遊び」がないと運転しにくいのと同じで、ちょっとし

た乖離も許容できないとなると、逆にうまくいきません。実務上も許容範囲を設けて、そこを越えたら戻す処理を行っていると思います。また、このリバランスを誰がやるかという問題もあります。リバランスはリスク管理のための「作業」であり、事前に取り決めたプランに従って行うものと思えば、専門家に任せてしまってもよいと思います（自分でやっていると途中で嫌になると思います）。

コラム2-⑨ 効率的フロンティアは、実は1つではない（その2）

　制約を緩和したり、新しい資産クラスを入れたりする方法のほかに、効率的フロンティアを広げる方法があります。ここまでは、資産はすべて「リスクのある資産クラス」に投資するという前提で効率的フロンティアを考えています。ここに、「無リスク資産」を追加したらどうでしょう。「無リスク資産」とは、リスクが全くない仮想的な資産であり、感覚的には銀行預金などを想像するとよいでしょう。そうすると、リスクを小さくする方法として、「効率的フロンティア上で、左の方の（リスクの小さい）ポートフォリオを選ぶ」のではなく、「一部の資産を無リスク資産に配分する」方法が考えられるようになります。

無リスク資産の有無で変わる効率的フロンティア

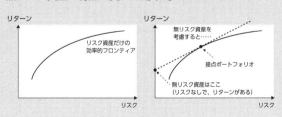

出所）筆者作成

そうすると、効率的フロンティアはP53の右図のようになります。今までは、左図の曲線上からポートフォリオを選んでいましたが、もし無リスク資産も考えてよければ、新たに追加された直線（右図の点線）の上からポートフォリオを選べるようになります。面白いのは、どれくらいのリスクをとるかは、無リスク資産に配分する割合でコントロールできるため、①リスク資産の資産配分はみな同じになり、②お金を借りることができれば、リスクを取る方も今までの効率的フロンティアより上の（よりリターンが高い）選択ができるようになる、ということです。①については、右図で点線と曲線が接しているところのポートフォリオ（資産配分）をみんなが使い、このポートフォリオと無リスク資産の配分を調整することで資産全体のリスクをコントロールします。ちなみに、このポートフォリオは、線が接しているところにあるため、「接点ポートフォリオ」と呼ばれます。

　接点ポートフォリオより左側（リスクが小さいほう）は、手持ちの資金を無リスク資産と接点ポートフォリオにどう分けるかでリスク水準が決まります。接点ポートフォリオよりもリスクを大きくしたければ、先の②のとおり、お金を借りてきて接点ポートフォリオをさらに買う、ということになります。「レバレッジをかける」という投資手法です。実務的には信用取引や、レバレッジ型投資信託への投資が近いです（いずれも投資対象は接点ポートフォリオではないかもしれませんが）。

　とはいえ、これは理屈上の話であって、なかなかそんな理屈通りのロボットみたいな判断ができる人はいないでしょうし、理屈や事前の想定通り事が運ぶかどうかもわかりません。お金を借りて投資する（レバレッジをかける）というのも、ハードルは高いです。ということで、「普通の」効率的フロンティアも実務上は必要です。また、アドバイスする側は特に、一部の資産だけを見るのではなく、こうした「無リスク資産」も含めて資産全体のリスクを管理する必要があります。

コラム2-⑩ たようせい

　分散投資の大切さを話す際、アイスブレイクとして使っていたのが、『世界からバナナがなくなるまえに』という本に書かれているバナナの話です。いろいろなブランドのバナナが、どこのスーパーでも売られています。これだけを見るとバナナはたくさんの種類があるように見えますが、流通しているバナナの大半を占めるのがキャベンディッシュという種類のもので、遺伝的に同一なのだそうです。おいしくて栽培しやすいこの品種の栽培が盛んになった結果として、特定の病害が広まると「世界からバナナがなくなってしまう」かもしれない、という懸念が出てきます。これは杞憂ではなく、2020年10月14日の日本経済新聞の記事「フィリピン産バナナ、薄れる存在感」で、新パナマ病によってフィリピン国内の栽培面積の約2割が汚染されたとの集計があることが紹介されています。そもそも、キャベンディッシュが出てくる前は、グロスミッチェルという種類のバナナの生産が盛んでしたが、パナマ病によって大打撃を受けているのです。

　リターンだけを考えて多様性（分散）をおろそかにすると大きなしっぺ返しが来るというのはバナナに限った話ではなく、『世界からバナナがなくなるまえに』によれば、いろいろな作物で起きているそうです。この本は生物学者たちの取り組みを紹介する本なので、品種分散だけではなく、その植物を取り巻く生態系についても触れられています。そうしたところも含めて、我々のビジネスに参考になると思います（バナナのほかにネタとして使いやすいのは、カカオやコーヒーです）。

　このコラムのタイトルが平仮名なのは、研修資料を先に見て「多様性→いろいろあることが大切→分散しろということか」と悟られてしまわないよう工夫した名残です。せっかく用意したのに、「今日の朝、バナナ食べた人は？」という問いかけからスタートしても、意外と手が上がりませんでした。朝食の好みの多様性でしょうか。

出所）著者撮影

第 3 章

機関投資家は
どうやって
運用しているか

BASICS OF
MANAGED ACCOUNTS

ノーベル財団やイェール大学といった世界的に有名な機関投資家も、それぞれの資金ニーズ（ゴール）を定めたうえで、それに合わせた資産配分を決めて運用しています。

　我々の国民年金・厚生年金の運用（年金積立金の管理及び運用）を行っている「年金積立金管理運用独立行政法人」（GPIF）は、世界最大級の機関投資家です。ここも、将来の年金給付に必要なお金を試算したうえで、基本ポートフォリオ（運用の基本となる資産配分、資産構成割合）を定めて長期的な運用を行っています。

　先端的な機関投資家の先端的な運用を個人がまねることは、投入できる時間やお金に限りがあって難しいでしょう。しかし、運用の基本としている「自分のゴール（必要なお金）をきちんと定める」「取りうるリスクを決める」「これらに沿って、基本となる資産配分を決め、長期的な視点で運用する」というやり方はしっかりまねするべきです。

機関投資家の運用に注目するわけ

　第4章「ラップの成り立ち」でも触れますが、機関投資家の運用は、個人が資産管理・運用していくうえで、いつもお手本になっています。大規模な資金を保有・管理し、専門スタッフを抱えている機関投資家は、先端的な運用に取り組む一方で、きちんと運用目標を定め、基本となる資産配分を決めて運用しています。この章では、ノーベル財団、イェール大学、GPIFに注目し、それぞれの運用報告書から個人の運用へのヒントを探したいと思います。

ノーベル賞　〜日本人が最も注目する賞〜

　秋になると毎年、「今年も日本人のノーベル賞受賞者が出るか？」という記事がたくさん出てきます。あまたの賞の中でもノーベル賞の注目度は高く（日本だけかもしれませんが）、その理由として、「賞金額が大きいこと」、「歴史があること」も挙げられると思います。2020年のノーベル賞の賞金額は1,000万スウェーデン・クローナ（SEK）で、日本円にすると1.2億〜1.3億円です（2021年も1,000万SEKですが、ほかのデータとの平仄を合わせるため、2020年で説明します）。またノーベル賞は1901年に始まっており、100年以上の歴史があります。ご存じの通り、ノーベル賞はダイナマイトを発明したアルフレッド・ノーベルの遺産をもとに始まった賞で、この財産を管理し、ノーベル賞に関わる一切を運営しているのがノーベル財団になります。ノーベル財団の運用資産額は2020年末で約52億SEK、日本円で650億円ほどになりま

す（1 SEK＝12.5円とする）。ちなみに、1901年当時の投資資産額は、2020年末の貨幣価値で18.4億SEK、日本円で230億円ほどになります。

コラム3-①　ノーベル財団の情報開示

　ノーベル賞の素晴らしいところは、いろいろな情報がノーベル賞のサイト（www.nobelprize.org）から取得できることです。過去の受賞者、受賞を断った人、複数受賞者、複数の受賞者が出ている家族、など、ノーベル賞の受賞者に関する情報はもとより、財務や運用に関する報告書から、晩さん会のメニューまで、かなりの情報が、それも過去から取得できます。私のお気に入りは、ふるまわれたワインのリストです（晩さん会のメニューの中に書いてあります）。ずっとたどってみると、日本でシャンパンの代名詞として扱われているような有名どころや超高級として知られているところのものではなく、比較的普通のシャンパンが多く使われています（表）。もちろん、007の映画に出てきたようなものが出されることもありますし、最近は、一般にはあまり知られていない、通好みのような銘柄も採用されているようです。

ノーベル賞の晩餐会で饗されたワイン

銘柄/年代	1960	1970	1980	1990	2000	2010	総計
ポメリー	9	3	1	4	4		21
モエ・エ・シャンドン			6	5			11
クリュッグ	1	6					7
テタンジェ				1		6	7
G.H.マム		1	3				4
ジャカール					3		3
ドン・ペリニヨン					3		3
ジョセフ・ペリエ						1	1
ガストン・シケ						1	1
フルニー						1	1
フランク・ボンヴィユ						1	1

出所）ノーベル財団のサイトより筆者作成

　毎年秋になると気になってくる受賞者の発表についても、ノーベル賞のサイトでカウントダウンがあり、生中継もされます。

残念ながら、まずはスウェーデン語での発表になりますが、日本人っぽい名前が出たかどうかはわかります。ぜひノーベル賞のサイトを定期的に訪問してください。

　また、ノーベル賞の運営にかかる費用は、2020年で1億SEK弱、日本円では12億円ほどになります。ノーベル賞の賞金額が2020年から増額になったことや、ノーベル文学賞のスキャンダルにより2018年の受賞分が2019年に繰り越されたことなどがあって、毎年の比較は難しいものの、ノーベル賞の運営には年間十数億円ほどの費用がかかります。これを先ほどの運用資産や、そこからの収益で賄う必要があります。

コラム3-② ノーベル賞の賞金とインフレ

ノーベル賞の賞金は、「1億円」というイメージがあります。ずっと昔からそうだったのか、ノーベル財団のウェブサイトで調べることができます。"Table showing prize amounts" というファイルがそれで、名

ノーベル賞の賞金額の推移

出所）ノーベル財団のサイトより野村證券作成

目金額（賞金として支払われた実際の額）と、その金額を現在価値で表した額（貨幣価値、実質金額）、1901年を100とした場合の実質金額でみた各年の賞金額などが記されています。図は、このうち、賞金の名目金額と実質金額をグラフにしたものです。ノーベル賞の名目金額は、1901年には15万SEKほどでした。この金額は1960年代まであまり変わりません（1960

年には22.6万SEK）。ですが、実質価値で見ると、2回の世界大戦で大きく下がり、1960年には当初の31%の価値しかなかったことになります。この後、名目金額を増やし始め、実質価値は1991年にようやく、授与が始まった1901年の水準に追いつきます。その後、名目金額をインフレ率以上に増やしたことで、実質金額も1901年の1.4倍くらいまで上がってしまいますが、2012年に引き下げて1901年とほぼ同じ水準になりました。ノーベル賞も当初は名目金額で決めていたものが、バブル（？）を経て実質金額ベースになったようです。ちなみに、日本円で受け取ることを考えると、2012年の名目金額の減額は、円安で打ち消されて、あまり影響がありませんでした。インフレと為替は資産運用にとって重要な要素だと改めてわかります。ちなみに、賞金額は2017年に少し増やしたことで1901年当時を上回りましたが、2020年にさらに増額され、1,000万SEKになりました。名目金額ベースでは2001年から2011年までの間と並んで最高額です（実質金額ベースでは1996年から1999年までに近い水準です）。

　ちなみに、ノーベル財団のサイトによると、ノーベル財団の投資目的はまず保全で、可能なら財産額や賞金額を増やすことなので、アルフレッド・ノーベルの遺言にあった「安全な有価証券」の解釈は1901年当時だと英国債（ギルトエッジ債と呼ばれる）や、そういった債券や不動産が担保になっている貸付への投資だったようです。これが、2度の世界大戦と、大戦が及ぼした経済・金融への影響から、「安全な有価証券」の解釈を見直す必要が出てきて、1950年代初にスウェーデン政府の承認を経て、自由に投資できるようになったとのことです。また、待望の免税措置が1946年に認められたこともあり、このあたりを底にして実質の賞金額が上昇するようなりました。グラフを見ると、なるほどという感じです。

ノーベル賞が100年続いた理由

　運用資産が650億円で、運営費が十数億円だと、運用資産に対する毎年の運営費の率（事業費率）は2％弱になります。ノーベル財団のアニュアルレポートを見ると、ここ10年ほどで減らしてこの水準になっているようです（図3-1の棒グラフ）。もし、運用資産が増えないとするとどうでしょう。今の運用資産に対して毎年2％程度を払い出すと、ノーベル賞は50年ほどしか続かないことになります。でも、ノーベル賞は100年続いてきました。

　ノーベル賞は、賞の独立性を維持するために、外部からの資金提供を受けていません（スポンサーには逆らえなくなるからです）。でも、毎年かなりの運営費がかかります。インフレも心配です。実際、コラム3-②で紹介したようにインフレによって賞金の価値が激減した時期もありました。そうなると、賞の永続性のためには資産運用が必須、ということになります。アニュアルレポートにも、金融資産管理の方針として、「ノーベル財団の投資活動の目的は、ノーベル賞の財政基盤を維持し、受賞者を決める委員会の業務の独立性を保証するために、長期的に

図3-1　ノーベル財団の運用状況

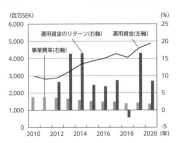

出所）ノーベル財団「アニュアルレポート」より野村證券作成
注）資産額、資産配分は、各年12月末時点の値。金額の単位は「百万SEK」

十分に高いリターンを実現することである（筆者訳）」と書かれており、資産を運用することで「独立性」と「永続性」という、相反する目的を達成しようとしています。ノーベル本人もこのことに気づいていたのか、遺言に、「私のすべての換金可能な財は、次の方法で処理されなくてはならない。私の遺言執行者が安全な有価証券に投資し継続される基金を設立し、その毎年の利子について、前年に人類のために最大たる貢献をした人々に分配されるものとする」と書かれているそうです（遺言の訳はウィキペディアによる）。

ノーベル財団の運用のやり方　☆

　ノーベル賞授与にかかる毎年の費用を賄うことと、ノーベル賞が未来永劫続けられるよう財団が管理する資産の価値を守ること（インフレで減ってしまわないようにすること）が運用の目的になりますので、ここから「インフレ調整後で少なくとも年率3.0％のリターンを目指す。このリターンは、リスク全体のバランスを取った上で実現する必要がある。リターンがこの水準であれば、将来の費用を賄うことができると考えている（筆者訳）」という目標が出てきます。これもアニュアルレポートに書かれています。

　こうしたノーベル財団の運用のフレームワークは理事会によって定められます。先の目標だけでなく、そこから落とし込んだ資産配分と、その許容範囲（実際の運用で、資産配分をずらしてよい範囲）が決められます。2020年のアニュアルレポートでは、基本ポートフォリオは表3-1のように定められています。目標とするリターンが「インフレ調整後で少なくとも年率3.0％」とかなり高いので、エクイティ（株式）

やオルタナティブの比率はかなり高くなっています。一方で、債券の比率はかなり低くなっています。

これを受けて、投資委員会が投資の実務を行います。ここでは、定められている許容範囲内で実際の資産配分を決める、地域分散や通貨分散など、実務を行う上で必要なことを決める、などがあります。例えば、株式でも、基本ポートフォリオではどの国にどれくらいといった配分は決められていないので、投資委員会が詳細を決めていきます。外国に投資する場合は、どの程度為替ヘッジをかけるかも判断が必要です。また投資委員会が有価証券を直接売買するわけではなく、運用を委託する先も選びます。

表3-1　ノーベル財団の基本ポートフォリオ

ノーベル財団の基本ポートフォリオ (2020)	
エクイティ	55％（−15％ 〜 +10％）
債券	10％（−5％ 〜 +45％）
不動産	10％（−10％ 〜 +10％）
オルタナティブ	25％（−20％ 〜 +20％）

出所）ノーベル財団「アニュアルレポート」より筆者作成

ノーベル財団の資産配分

この結果、ノーベル財団の毎年の資産配分は**図3-2**のようになります。2017年7月から基本ポートフォリオに変更があり、債券を10％減らしてオルタナティブを10％増やしました。このため、実際の配分でも2018年末から債券が減ってヘッジファンドが増えました。そうはいっても、基本ポートフォリオが大きく変わらないこともあって、2015年以降を通してみても実際の配分はあまり大きく変わっていません（例えば株式だと40 〜 50％の間にとどまっています）。

図3-2　ノーベル財団の運用状況

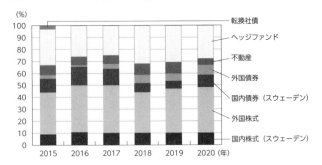

出所) ノーベル財団「アニュアルレポート」より筆者作成

ノーベル財団の運用成果

　そして、この結果は、先の**図3-1**のリターンと運用資金に表れています。運用資金が少なくなってしまったことで、2012年には賞金額が1,000万SEKから800万SEKに引き下げられました。しかし、運営費の涙ぐましい削減や、マーケット環境が良かったこともあり、運用資金は2011年を底に増え始め、2017年には賞金額を900万SEKに、さらには2020年に1,000万SEKに引き上げることができています。2018年にはリターンがマイナスになりましたが、単年度の運用結果によって賞金額やセレモニーなどの内容は変わっていません。また2019年には大きなプラスになっています（2020年も引き続きプラスです）。長期的な方針をもって資産運用し、その成果を利用していることが改めてわかります。

米国の大学にとって、資金力は競争力

　機関投資家の運用について知りたいと思ったときに、真っ先に浮かぶところの１つがイェール大学になります。第２章「資産運用の基本」でも故デイビッド・スエンセン氏の考え方を紹介しています。長期にわたって高いパフォーマンスを維持している機関投資家として、イェール大学は常に注目されています。

　米国の大学は学費が高いことで有名です。日本では、医歯系の学部に行かない限り、私立大学理系でも学費は年間百数十万円程度です（「私立大学等の令和３年度入学者に係る学生納付金等調査結果について」による。初年度はこれに入学金がかかるが、それでも150万円ほど）。また自宅外からの通学であれば、年間250万円ほどがかかるようです（「学生生活費調査」による）。

　一方、米国の有名大学に行くと、寮費も込みになりますが、年間で500万円はかかるようです（2020年７月28日の日本経済新聞に「コロナ禍の米名門大授業料に減額圧力」という記事があり、ここで紹介されている大学は授業料が軒並み５万ドル前後です）。例え

図3-3　イェール大学の収入内訳
（2020年度）

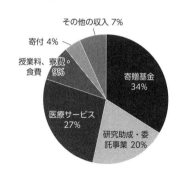

出所）イェール大学「2020 エンダウメント・アップデート」より野村證券作成

67

ばイェール大学の場合、2020-21年度で、学費が5万7,700ドル、寮費等も合わせると7万4,900ドル（日本円で800万円超！）にもなります。「いい大学は、教師も施設も素晴らしく、この費用を賄うために学費が高いのか〜」と思いがちですが、実は違います。**図3-3**に示したイェール大学の収入内訳を見ると、学費等の割合はわずか9％で、最も大きいのが、寄贈基金の運用益（34％）と、医療サービス（27％）になります。外部からの研究費獲得（20％）も大きな割合を占めます。

寄贈基金とは、大学に寄付されたお金になります。使途が指定されたもの（この学部の研究に、図書館の充実に、など）もあれば、そうでないものもありますし、運用方法に制約があるものもあります。イェール大学では、目的や制約が違う資金（ファンド）が数千も集まって寄贈基金を形成しているようです（運用も、制約のないものは集めて一括で運用します）。どういった目的があるかは、運用報告書をご覧ください。

大学が運用する目的は、大学の競争力を高めるためです。優秀な研究者を招き、設備を充実させ、高度な研究を行って結果を出すためには、多くの資金が必要です。また、優秀な学生を集めるにもお金がかかります。米国の大学の学費が高いことは紹介しましたが、一方で、この額をそのまま払っているわけでもないようです。イェール大学では、ファイナンシャル・エイドという仕組みがあり、学費の一部免除（減額）や奨学金、学内での労働機会（アルバイト！）などが用意されており、学生の負担は思いのほか小さそうです。こうしたお金を賄っていくために、寄付を集めその運用益を大学運営に拠出する寄贈基金は重要な役割を果たしています。

コラム3-③ イェール大学が採用する資産クラス

資産配分を考える際に、我々が投資先の資産クラスとしてまず思い浮かべるのは、国内株式、国内債券、外国株式、外国債券といった、伝統的な資産クラスだと思います。このほかに、新興国の株式や債券に投資するか、ヘッジファンドやREITといった新しめ

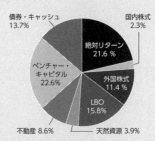

イェール大学の運用資金の資産配分
（2020年）

債券・キャッシュ 13.7%
国内株式 2.3%
絶対リターン 21.6 %
外国株式 11.4 %
LBO 15.8%
天然資源 3.9%
ベンチャー・キャピタル 22.6%
不動産 8.6%

出所）イェール大学「エンダウメント・アップデート」より野村證券作成

の資産クラスを考えるか、ではないでしょうか。金や原油などのいわゆる商品（コモディティ）も投資対象になる場合があります。

イェール大学の場合は、エクイティ重視といいながら、伝統的な資産クラスはほとんど対象になっていません。図にあるように、国内株式、外国株式への配分はあわせて15%にもなりません。その代わりに、絶対リターン、レバレッジド・バイアウト（LBO）、ベンチャー・キャピタル（VC）、不動産、天然資源といった、個人投資家では扱いが難しい資産クラスを投資対象に選び、多くの資産を配分しています。これらの資産クラスは、「経済成長」「インフレ」「金利変化」などの経済環境の変化に対する動きが他の資産クラスと違うことが期待されています。詳しいことが運用報告書に書いてありますので、表でかいつまんで紹介したいと思います。

イェール大学が投資する資産クラス

絶対リターン	大きな分散効果をもたらし、マーケットの非効率性を活かし長期の高リターンを生む資産クラスとして期待されています。イェール大学では1990年7月から一つの資産クラスとして扱っており、これは機関投資家としては最初だそうです。
国内株式	債券やキャッシュなどリスクの小さい資産クラスと比べてより高いリターンが期待されています。また、非常に効率的な市場であるものの、アクティブ投資でリターンを得る可能性も若干あるとの理解のようです。
外国株式	グローバル経済からの収益、分散効果のほかに、アクティブ投資での収益の可能性があるとされています。米国内と比べ非効率であり、そういった機会を狙うために、外国株式はアクティブで運用しているようです。
レバレッジド・バイアウト (LBO)	リスク調整後で、極めて魅力的な長期リターンを提供する資産クラスと考えられています。イェール大学は、マーケットの非効率性を活用できるマネージャーと強い関係を築いており、こうしたマネージャーから付加価値がもたらされるようです。
天然資源	具体的な投資先として、原油、天然ガス、森林、農地が挙げられています。この資産クラスに求められるのは、予期せぬインフレへの備え、足もとでの高いキャッシュフロー、非効率性からのリターンになります。また、ポートフォリオという観点では、魅力的なリターンと大きな分散効果ももたらします。
不動産	不動産も大きな分散効果が期待されています。また、インカムがありながらもエクイティのような価格上昇の可能性もあり、期待リターンを犠牲にすることなく予期せぬインフレに対するヘッジにもなるとの見方です。
ベンチャー・キャピタル (VC)	大学の優れたマネージャーが革新的なスタートアップに初期段階から投資するため、オプションに似たリターンを生みます。
債券・キャッシュ	安定したキャッシュフローと、金融危機やデフレへのヘッジを期待します。一方で、期待リターンは低く、米国債マーケットは最も効率的なマーケットでアクティブ運用のチャンスはほぼありません。こうした見方と、管理方法が明確なこともあり、債券はイェール大学内部で管理しているとのことです。

出所) イェール大学「エンダウメント・アップデート」より（著者訳）

イェール大学の寄贈基金の運用方針　☆

　研究費や奨学金は毎年同じように必要であり、これに充てる運用収益が大きく変動するのは好ましくありません。一方で、安定ばかりを求めてリスクを取らず、取り崩して大学の運営費として拠出するばかりでは、将来のどこかで寄贈基金が底をついてしまうかもしれません（もちろん、寄付はしっかり集めますが、それだけには頼れません）。こうした相反する目的を満たすために、イェール大学の運用では、①寄贈

基金からの拠出ルールを定め、それに従って拠出する、②かなりのリスクを取って、高いリターンを狙う、の２つの方法を採っています。

コラム3-④ イェール大学の資産クラスの変遷

イェール大学は、資産配分を定めたうえでそれに従って運用しています。配分の移り変わりを見てもそれほど急激な変化はありませんが、より高いリターンを得られるように、状況に応じて見直しが行われています。

2001年のレポートを見ると、イェール大学が投資対象とする資産クラスは、国内株式／絶対リターン／外国株式／プライベート・エクイティ（PE）／実物資産／債券／キャッシュの7つになっています（2000年より、原油・ガス、森林をPEから実物資産に移した模様）。当時から絶対リターンの比率が最も高く、2006年にこの実態を反映した表示順に変わっています（資産クラスは変わっていません）。次ページの左図は、この2006年の運用報告書ベースで分類した資産配分になります。

資産クラスの定義が次に変わるのは、2012年の運用報告書になります。2011年7月に、「実物資産」資産クラスを、「天然資源」と「不動産」の2つの資産クラスに分けました。実物資産はインフレへの備えとして組み入れられています。この資産クラスへの配分が増えたことによって、中に含まれる「天然資源」と「不動産」の2つの資産クラスの間でインフレへの感度や価格が動く仕組みの違いが目立ってきたのが分割理由のようです（このあたりは、2011年の運用報告書に書かれています）。

さらに、2015年の運用報告書から、プライベート・エクイティ（PE）をレバレッジド・バイアウト（LBO）とベンチャー・キャピタル（VC）の2つに分けました。

これで、現在使っている資産クラスが出そろいました。あとは2019年の運用報告書より、債券とキャッシュが統合されて1つの資産クラスになりました。次ページの右図は、2019年の運用報告書ベースで分類した資産配分になります。

それぞれの資産クラスへの投資割合（目標配分）は、毎年6月の投資委員会で決められています。いずれのグラフを見ても、基本的にはわずかな変更しかなく、長期的に一貫した方針で運用されていることがうかがえます。

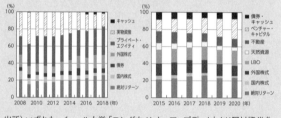

イェール大学の運用資金の
目標配分（2006年基準）

イェール大学の運用資金の
目標配分（2019年基準）

出所）いずれも、イェール大学「エンダウメント・アップデート」より野村證券作成

　①の拠出ルールについては、目標とする拠出率は5.25％に設定されています。運用資産額に対して一定の率で拠出すると、毎年のリターンに大きく影響されてしまいます（リターンがマイナスだと大きく減ってしまう）。そうならないよう、拠出額は、「前年度の拠出額の80％」と「前年度期初の資産額の20％に目標拠出率を掛けたもの」の和で計算されます。さらに、インフレと納税を考慮して拠出率が4.0 ～ 6.5％の範囲に入るよう、実際の拠出額が決まります。短期的には拠出が安定しますし、運用金額に比例するため長期的には購買力を維持することができます（インフレに負けない）。

　毎年の拠出率が高い中で、将来の拠出に向けて寄贈基金を維持しようとすると、かなり高いリターンを狙うことになります。イェール大学の運用は、平均分散分析という理論的なフレームワークと、情報を持ったうえでの市場判断の組み合わせで成り立っています（運用報告書にそう書いてありま

す）。平均分散分析は、要はマーコウィッツらの理論で、効率的フロンティアから最適な資産配分を導くものです（平均分散アプローチ）。各資産のリターンやリスクなどの前提が変わると最適化の結果も変わりますので、どれくらい変わるかもテストしているようです。

イェール大学の運用のガバナンス

イェール大学の寄贈基金の運用でも、ノーベル財団と同じように、フレームワークを考える組織と投資の実務を行う組織が分かれています。イェール大学では、1975年に設立された投資委員会（Yale Corporation Investment Committee）が寄贈基金の運用を監督し、運用の実務はインベストメント・オフィスが担当します。

投資委員会の役割として挙げられているのは、資産配分政策、インベストメント・オフィスが提出する運用成果と投資戦略の確認・評価になります。四半期ごとに集まり、投資のガイドライン、投資目的、拠出ルール、資産クラスごとの投資方法を承認するとのことです。この監督下で実務を行うのがインベストメント・オフィスになり、何度か紹介している故スエンセン氏は、ここのトップ（CIO）でした。

イェール大学の運用状況

こうして、適切に資産配分しリスクをコントロールしながら高いリターンを狙った結果、イェール大学の目標資産配分はP75の**図3-4**のようになっています。イェール大学の運用の特徴は、流動性の乏しい資産（非流動資産）への偏りに

なります。いつでも売却できないことを受け入れる代わり
に、より高いリターンを求める戦略です。イェール大学が考
える非流動性資産には、レバレッジド・バイアウト
（LBO、買収先の資産を担保に買収資金を借り入れる企業買
収）、ベンチャー・キャピタル（VC）、不動産、天然資源が
あり、長期的には運用金額の半分をこれらに配分することを
目指しています。

コラム3-⑤ イェール大学の情報開示

イェール大学の運用が注目されるのは、長期的に一貫した運
用を行い、高いパフォーマンスをあげているからですが、情報
が集めやすいということもあります。イェール大学のインベスト
メント・オフィスのウェブページにいくと、運用報告書（エンダ
ウメント・アップデート）が2001年から掲載されています。20
年分の情報が取れるだけでなく、すごいのは、書かれている内
容（フォーマット）がずっと同じで、継続して情報を集められ
る、という点です。資産配分の変遷といった、時間とともに変
わっていくグラフを描こうとすると、データ集めがハードルにな
ります。イェール大学は運用が一貫していることもあって、同じ
形で運用報告書が作られており、こうしたデータが集めやすく
なっています。コラム3-④で紹介した資産配分の変遷もそう
で、社会の変化や投資手法の進化などによって変わっていく資
産クラスも運用報告書から得られる情報を少し加工するだけで
かなり遡ることができます。

また、特集のテーマには、分散や基本ポートフォリオといっ
た投資の基礎となるもの、寄贈基金の使い道、などが繰り返
し取り上げられます。これを読むだけでも勉強になりますし、
こういった基本は変わらないものだと実感できます。

図3-4 イェール大学の目標配分 図3-5 イェール大学の運用状況

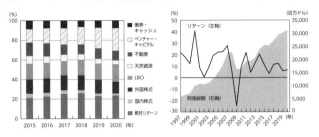

出所）いずれもイェール大学「エンダウメント・アップデート」より野村證券作成

　また、リターンを高めるために、エクイティの比率も高くしています。インフレへの備えを考えても、債券ではなくエクイティになります。この結果、イェール大学の債券に対する配分は10％以下です。2019年度の運用報告書ではとうとう、債券単独の資産クラスがなくなり、キャッシュと統合されて「債券＆キャッシュ」という資産クラスになってしまいました。

　こうした、「資産配分をベースとしながらも、リスクを取って運用する」方法によって、イェール大学は長期的に高いパフォーマンスをあげています（**図3-5**）。2007〜09年のように一時的にリターンがマイナスになることもありますが、平均して高いリターンをあげ、かなりの金額を拠出して大学の運営を支えながらも、運用資産額は大きく増えています。

他の大学も、しっかり資産運用

　米国大学の寄贈基金の運用に関する情報は、英語にはなりますが、インターネットで比較的簡単に入手できます。大学ごとの運用資産額も、いくつかのサイトが集計して掲載して

います。こうしたランキングを見ると、資産規模で上位に来るのは、ハーバード大学、イェール大学、テキサス大学システム（大学グループ）、スタンフォード大学、プリンストン大学、MIT（マサチューセッツ工科大学）、ペンシルベニア大学などになります。いずれも超有名大学ですね。いずれの大学も、イェール大学と同じように、大学の運営を支えるために寄贈基金の運用では高いリターンを追求しています。

コラム3-⑥ イェール大学の投資委員会

　イェール大学の2019年度の運用報告書には、投資委員会に関する特集が掲載されていて、歴代の委員長が紹介されています。これを見ると、委員長は、イェール大学の卒業生ではあるものの、ずっとイェール大学にいたわけではなく、金融機関などに勤めて多くの経験を積んだうえでこのポジションに就いているようです。ちなみに、一代前の委員長は、『敗者のゲーム』（日本経済新聞出版）の著者としても知られるチャールズ・エリス氏で、1997年から2008年まで務められました。

　投資委員会のメンバーも運用報告書に記されています。全10人のうちイェール大学に所属するのは学長の一人で、この方と委員長を除く残りは、いわゆる社外取締役のようです。

　この監督下で実務を行うのが、故スエンセン氏がトップ（CIO）を務めていたインベストメント・オフィスになり、現時点で31名のスタッフで構成されています。インベストメント・オフィスのスタッフは多くがイェール大学の卒業生ですが、そうでない人もいるようです。2020年度の運用報告書では、インベストメント・オフィスのスタッフが顔写真つきで紹介されています。また特集では、外部で活躍しているインベストメント・オフィスのOBも紹介されています。紹介されているのは14名で、MITやペンシルベニア大学、プリンストン大学、スタンフォード大学の運用のトップ、ロックフェラー財団前CIO、メトロポリタン美術館CIO、ヒューレット・パッカードの共同創業者の

財団CIOなど、素晴らしい活躍をされているようです。

　ハーバード大学は、運用資産額が4兆円を超える、最大の寄贈基金を持つ大学で、イェール大学と同じように先端的な運用を行う機関投資家として注目を集めています。ただ、しばらくパフォーマンスが芳しくなく、運用のCEOが変わったあと3年間かけて組織や戦略等の見直しに取り組んできており、その成果が2020年のレポートでも説明されています。ハーバード大学は、イェール大学とは逆の戦略をとり、上場市場で取引される資産を50％以上にし、流動性の低い資産は粛々と減らしているようです。

　私がそう思っているだけかもしれませんが、プリンストン大学は、数学や物理学における天才中の天才がそろうというイメージがあります。そのプリンストン大学も、エクイティ重視と分散投資です。**図3-6**のような基本ポートフォリオ（政策ポートフォリオ）を定めたうえで運用しています。最近のレポートにはないようですが、2015-16年の財務レポートには、「この投資戦略の根拠となるのは、誰も短期の市場の動きは予測できないということであり、1746年に設立された組織にとって慎重に投資するためには、将来も本校の卓越さが続くよう、長い目

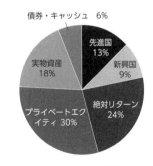

図3-6　プリンストン大学の政策ポートフォリオ（2021年度）

債券・キャッシュ　6%
先進国 13%
新興国 9%
絶対リターン 24%
プライベートエクイティ 30%
実物資産 18%

出所）プリンストン大学「Report of the Treasurer 2019-20」より筆者作成

で見なければいけない」（筆者訳）と書かれていて、改めて長期分散投資の大切さが理解できます。

コロンビア大学やペンシルベニア大学も、同じように基本となる資産配分や、資産配分の乖離の許容幅を決めて運用しているようです。ちなみに、今のハーバード大学の運用のCEOは、これらの大学でも運用に携わっていました。皆同じような思想の中で競争しているようです。

年金積立金管理運用独立行政法人（GPIF）が運用する理由

厚生労働大臣から寄託を受け、我々の国民年金・厚生年金の運用（年金積立金の管理及び運用）を行っている「年金積立金管理運用独立行政法人」は、世界最大級の機関投資家です。略してGPIFと呼ばれることも多いため、以下ではGPIFと書きます。GPIFでも、これまで紹介してきた機関投資家と同じように、入ってくるお金やこれから必要になるお金を試算したうえで、基本ポートフォリオ（運用の基本となる資産配分、資産構成割合）を定めて長期的な運用を行っています。年金の場合、入ってくるお金は年金保険料（年金加入者が支払うお金）であり、将来必要になるお金は年金給付（年金受給権者が受け取るお金）になります。年金加入者数と年金受給権者数の動向は、人口動態の推計から予測できます。これに、経済動向や給与水準の見込み（シナリオ）を加味して、年金給付が継続できる可能性が最も高い資産配分（基本ポートフォリオ）が選ばれます。基本ポートフォリオは、短い期間でどんどん変わっていくものではなく、少なくとも5年ごとに行われるいわゆる財政検証や厚生労働大臣から与え

られた中期目標などを踏まえて定められます。

　年金積立金の管理及び運用はこの基本ポートフォリオに基づいて行われますが、毎年の年金給付がこの運用益から出ているわけではありません。厚生労働省の「令和3年度　年金制度のポイント」に掲載されている「公的年金の収入と支出の概要（財政構造）」（**図3-7**）によると、令和3年度（2021年度）の予算ベースで、年金給付は56.4兆円に対して、保険料が38.8兆円、国庫負担が13.3兆円になっています。ここでもわかるように、日本の国民年金・厚生年金は、

図3-7　公的年金の財政構造

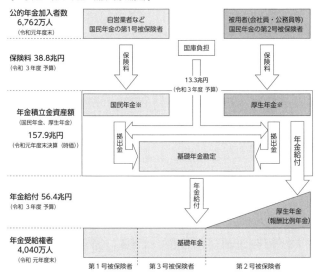

出所）厚生労働省「令和3年度　年金制度のポイント」

世代間扶養の「賦課方式」であり、払い込んだ保険料が給付に使われ、不足分を税金（国庫負担）とGPIFが管理運用する積立金とで賄うようになっています。

このバランスは、2019年の財政検証で**図3-8**のように試算されています。これによると、GPIFの管理運用する積立金が使われるのはまだ先になりますし、積立金が使われるようになっても、財源の大半を占めるのは、毎年の保険料と国庫負担になる見通しです。なお、この図は、GPIFのウェブサイト（年金財政における積立金の役割）に掲載されているもので、将来の負担バランスがわかりやすく描かれています。

図3-8　厚生年金の財源の内訳（2019年財政検証）

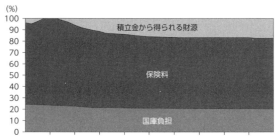

注）厚生年金と国民年金の合計。長期的な経済前提はケースⅢ（物価上昇率1.2％、賃金上昇率（実質〈対物価〉1.1％、運用利回り（スプレッド〈対賃金〉1.7％）、人口推計は中位に基づく。
出所）2019年財政検証資料

年金積立金管理運用独立行政法人（GPIF）の投資原則　☆

我々の大切な年金原資を扱い、また長期的に管理運用する

GPIFは、投資原則を定めています（業務概況書の冒頭に書かれています）。抜粋すると、①必要な利回りを最低限のリスクで、②資産、地域、時間等を分散して投資、③基本ポートフォリオを策定、とあります。GPIFでも、分散投資によりリスクを減らしながら目標リターンを達成するために、基本ポートフォリオを定めて運用します。

年金積立金管理運用独立行政法人（GPIF）の資産配分とその結果

GPIFの基本ポートフォリオは、2020年4月より、**表3-2**のように4つの資産に等分するような配分になりました。この基本ポートフォリオは、「第4期中期目標期間（2020年4月1日からの5カ年）における基本ポートフォリオ」として定められています。少し遡ってみると、第3期中期目標期間（2015～2019年度）で用いた基本ポートフォリオは、この期の少し前の2014年10月（第2期中期目標期間中）に変更されたものです。第2期中期目標期間ではこの他に2013年6月にも基本ポートフォリオの変更がありましたが、それまでは第1期中期目標期間の基本ポートフォリオを引き継いでおり、しっかり検討して長期間利用していることがわかります。過去の基本ポートフォリオや見直しの経緯は、GPIFのウェブサイトをご覧ください。

また、2020年度の基本ポートフォリオと年度末の実際の配分は**図3-9**の円グラフのようになっています。**表3-2**にあるように、各資産クラスへの配分には、乖離許容幅が設定されており、実際の運用では基本ポートフォリオからある程度乖離できるようになっていますが、**図3-9**を見ると、ほぼ

表3-2 GPIFの基本ポートフォリオ

		国内債券	外国債券	国内株式	外国株式
資産構成割合		25%	25%	25%	25%
乖離許容幅	各資産	±7%	±6%	±8%	±7%
	債券・株式	±11%		±11%	

出所) 年金積立金管理運用独立行政法人、「2020年度 業務概況書」

基本ポートフォリオ通りの配分になっています。GPIFの運用目標は、「長期的に年金積立金の実質的な運用利回り（運用利回りから名目賃金上昇率を差し引いたもの）1.7％を最低限のリスクで確保することを目標とし、この運用利回りを確保するよう、基本ポートフォリオを定め、これに基づき管理を行うこと」（第4期中期目標）とされています。第2章「資産運用の基本」で紹介したようにアクティブ運用で継続的に成果を上げることがなかなか難しい中、基本ポートフォリオに従って分散投資していることで、**図3-10**にあるよう

図3-9 GPIFの2020年度の基本ポートフォリオと年度末の実際の配分・運用資産額（年金積立金全体）

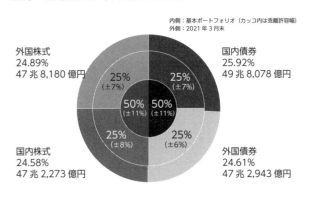

内側：基本ポートフォリオ（カッコ内は乖離許容幅）
外側：2021年3月末

外国株式
24.89%
47兆8,180億円

国内債券
25.92%
49兆8,078億円

国内株式
24.58%
47兆2,273億円

外国債券
24.61%
47兆2,943億円

25%（±7%）　25%（±7%）
50%（±11%）　50%（±11%）
25%（±8%）　25%（±6%）

出所) 年金積立金管理運用独立行政法人、「2020年度 業務概況書」

に、長期的には十分なリターンが得られています。

　ちなみに、**図3-9**に書かれている運用資産額を合計すると、192兆円ほどになります。GPIFの運用資産は186兆円といいましたが、なぜ差があるのでしょうか。**図3-9**の資産額は「年金積立金全体」となっており、GPIFが運用している資産186兆円に、年金特別会計で管理する積立金の約6兆円が合わさったものになります（業務概況書の注に記されています）。積立金の運用目標も、この年金積立金全体をどう運用するかという観点で定められ、基本ポートフォリオが決まっていますので、基本ポートフォリオとの比較は年金積立金全体で行われているのだと思います。186兆円のほうは、あくまでもGPIFが裁量をもって管理運用している資金になります（業務概況書の後ろのほうの分析も、この資産がベー

図3-10　GPIFの市場運用開始からの実質的な運用利回り（累積）

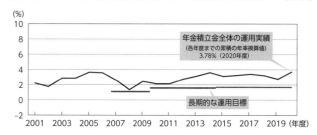

スになっています）。

個人の運用へのヒント

　機関投資家の運用を見てみると、とてもまねできない部分もありますが、個人がまねすべきところもありました。個人の運用目的が、長期的に資産を形成し、時期が来たら適切に（資産を枯渇させないように）取り崩していく、というのであれば、ここに挙げた機関投資家の、①これから必要になる金額（ノーベル賞の運営費、大学運営費への拠出金、年金給付など）を確認し、②長期的に運用資金を維持しながらこうしたお金を拠出できるだけのリターン水準を求め、③取りうるリスクを想定したうえで最適な資産配分を決めて、④それに従って運用する、という根幹はまねすべきだと思います。

　もちろん、個人が取れるリスクはここに挙げた機関投資家よりずいぶん小さいでしょうし、投資する資産クラスも、より伝統的なものに限られると思います。何でも機関投資家の通りにやるのではなく、自分にあった、長期的な資産管理の根幹となるところをまねするとよいと思います。

ラップの成り立ち

米国の投資一任市場は、1,000兆円を超える巨大マーケットです。

　1970年代頃から、退職後資産を形成し、管理・運用していく責任が個人に移りはじめました。その中で、個人が金融資産を運用する方法が、債券→株式→投資信託と広がり、高度化していきました。さらに、1990年代に、フィー型ビジネスの台頭、IT（情報技術）の進歩と価格低下、の2つの大きな流れが起きました。こうして、個人に合わせて資産を管理・運用する「投資一任」が広まり始めました。

　個人が自分の資産を管理する中で、ブラックマンデー、ドットコム・バブル（ITバブル）崩壊、リーマン・ショックや世界金融危機、といった金融市場の大きな混乱に直面しました。資産の管理・運用に対する経験や知識が増えるとともに、改めて、なぜ金融資産を持ち、管理・運用するのかを、個人の側でも、金融サービスを提供する側でも考えることになりました。

　この結果、自分のやりたいことを少しでも実現し、心配なことを減らしていくために、金融資産をうまく積み上げ、使っていくことが大切であり、金融機関はその手伝いをするためにある、との考えに至りました。これが「ゴールベース資産管理」になります。

米国の投資一任の状況 ☆

　投資一任サービスに関する米国の業界団体である米国マネー・マネジメント協会（MMI）のニュースリリースによると、2021年第 1 四半期末（ 3 月末）の投資一任残高は9.2兆ドル（1,000兆円ほど）になります。金額だけでいえば、日本の家計の金融資産の約 5 割にあたります。また、日本投資顧問業協会の統計資料によると、日本の投資一任市場（「ラップ業務」）は2021年 3 月末時点で11.2兆円程度ですので、投資一任だけで見ると米国は日本の90倍ほどになります。かなり大きなマーケットなのがわかります。

　少し古いデータですが、図 4 - 1 に示した、米国マネー・マネジメント協会による米国の投資一任市場規模の推移を見

図4-1　米国の投資一任市場規模の推移

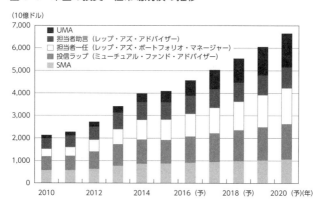

出所）米国マネー・マネジメント協会より筆者作成

てみましょう。一般に入手可能なデータを使っているため、2016年以降は予想になっています。

　このグラフを見ると、投資一任残高は2010年の２兆ドル強からかなりの勢いで増えているのがわかります。2008年頃に起きた世界金融危機がきっかけになって、顧客も金融機関も、「個人向けの金融サービスが提供する価値」というものを考え直すようになりました。改めて投資する意味を考えさせられたのです。そこで出てきたのが、第５章「ゴールベース資産管理と投資一任」で紹介する「ゴールベース資産管理」という考え方です。ゴールベース資産管理は、簡単に言えば、顧客の複数のゴールをうかがい、それが実現できるようサポートしていく金融サービスになります。このサービスが広がるにつれ、この考えに沿って金融資産を管理していくための受け皿として投資一任が大きく広がりました。

　なお、現実は**図4-1**にある予想よりも、もっと速いスピードで進んでいます。米国マネー・マネジメント協会のニュースリリースによると、2019年末の残高は7.4兆ドルでした。2020年は新型コロナ感染症の影響もあって第１四半期末に10％以上減少したものの、第２四半期末にはほぼ回復し、2020年末で8.7兆ドルまで増えました。そして、2021年の第２四半期末には9.9兆ドルに達したもようです。**図4-1**に示されている予想を上回って伸びるのは、米国の投資一任にそれだけの勢いがあるためだと思います。

投資一任は、個人のための資産管理・運用サービス

　資産を管理・運用する方法として投資一任が米国の個人に利用され始めたのは、実はもっと前の1990年代になります。

IT（情報技術）の進歩と価格低下によって、それまでは機関投資家や超富裕層しかできなかった、「個人の資産を、個人の好みやニーズに合わせて管理・運用する」サービスが、より広い投資家層に提供できるようになってきたからです。

米国では、退職後資産の多くを個人が管理する仕組みになっています。また、投資に関するいろいろな制度や税優遇措置があり、自ら選択して活用することでメリットが得られるようになっています。例えば、保有しているのが投資信託なら、利益や損失を出すにはその投資信託（の一部）を売るしかないのですが、もし投資信託が投資しているのと同じ株式をバラバラに持っていたらどうでしょうか。利益が出ている株式だけ、あるいは損失が出ている株式だけを売って買い直すこともできます。加えて、自分の好みや信念に沿って、投資しない株式を決めることもできます。タバコ産業には投資しない、ギャンブルや銃・武器関連事業を営む会社には投資しないといった具合です。社会的責任投資やSDGsなどと呼ばれる考え方ですね。

一方で、投資先すべてを自分で決めるのは難しい、有名ファンド・マネージャーに運用してもらいたい、というニーズもあります。投資のプロがまとめて運用の指示を出すのは投資信託です。でも、投資信託では、先に説明してきたような個人のニーズは聞いてもらえません。

この両方を実現したのが、投資一任になります。投資一任によって「プロに運用の大半を任せるが、個人のニーズも反映させたい」という投資ができるようになりました。今ではいろいろな種類がある「投資一任」ですが、始まりはSMA（エス・エム・エー）になります。SMAはセパレートリー・マネージド・アカウントの頭文字です。有名ファンド・マネ

ージャーに運用してもらいながらも、投資信託のように一括で管理・運用するのではなく、口座（アカウント）ごとに「別々に管理され（セパレートリー・マネージド）」、自分のニーズを反映できることが最初のセールスポイントでした。

投資一任につながる米国の歴史

この「投資一任」は、米国の資産運用マーケットに突如現れたわけではなく、いろいろな出来事を経たうえで今に至っています。1970年代に戻り、今の投資一任につながった米国の歴史を見てみましょう。**図4-2**に米国の株価と金利のチャート、および資産運用に関する主な出来事をまとめてあります。本文とこの図を見比べながら読み進めてください。拡大の前には長い準備の歴史があります。

投資一任につながる米国の歴史① ──その後の方向性を決めた70年代

まず、1970年代です。1979年に「株式の死（The death of equities）」とビジネスウィーク誌の表紙に書かれてしまったように、1960年代終盤から米国の株式市場はさえない期間が10年以上続きました。**図4-2**の上を見ても、ずっと株価は横ばいです。この時代、米国ではスタグフレーション（景気後退とインフレの同時進行）に悩まされています。ニクソン・ショック（米ドル紙幣と金の兌換停止）もこの時期になります。

この株価低迷は、ベビーブーマーが30代半ばになり退職に向けた貯蓄を始めたことなどで長期の上昇相場に変わってい

図4-2 米国株式・債券市場と、資産運用に関する主な出来事
（上：米国の株価推移と資産運用に関する主な出来事、下：米国の金利、および円ドル為替レートの推移）

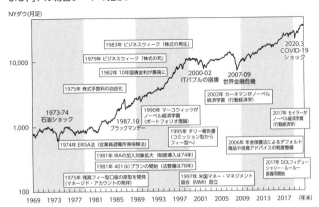

出所）チャート：S&Pダウジョーンズ・インデックス社データ他より野村證券作成、イベント：米国SMA・ファンドラップの拡大を支えた規制と金融機関経営の変遷（岡田・和田、野村資本市場クォータリー）、" The New Managed Account Solutions Handbook"（Gresham, Oransky）などより野村證券作成
注）直近値は2021年11月30日

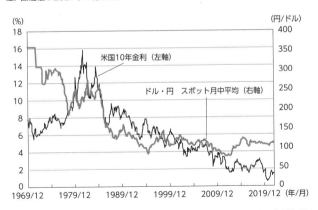

注）ドル・円スポット月中平均データは1973年1月から。1972年以前の値は各種資料より固定値をセット（～ 1971年11月値は360円、以降は308円）。直近値は2021年11月
出所）FRB「H.15 Selected Interest Rates」、日本銀行「時系列統計データ検索サイト」より野村證券作成

きます（ビジネスウィーク誌では、1983年に「株式の再生」と表現しています）。加えて、施策面でも注目すべきものがあります。1つは「株式手数料の自由化」であり、もう1つは「ERISA法（エリサ法、従業員退職所得保障法）の制定」になります。ERISA法については、コラム4-①をご覧ください。相場が回復していった詳細は野尻哲史氏の著書『株式市場の「死」と「再生」』に任せますが、こうした人口動態の変化や施策によって、個人の株式市場への参入が始まっただけではなく、その後の米国金融マーケットの方向性が決まったと言ってもよいでしょう。第6章「米国でいま起きていること、日本で今後起きそうなこと」で取り上げるチャールズ・シュワブも、こうした流れの中でビジネスチャンスを摑んでいます。また、投資一任の原型となるサービス（残高フィー型口座の原型）も、1970年代半ばにスタートしています。

コラム4-① ERISA法（エリサ法）

ERISA法（エリサ法）とは、1974年に米国で制定された法律で、"Employee Retirement Income Security Act" を短くしたものです。日本語にすると「従業員退職所得保障法」となります。ERISA法によって、米国では従業員の年金受給に関する権利が定められました。企業からすれば、情報開示や年金積立の義務などが課されるようになったため、負担が大きくなりました。また、ERISA法の中で、401 (k) と呼ばれる確定拠出年金の課税繰り延べ制度や、退職給付制度でカバーされていない勤労者向けの個人退職金勘定（Individual Retirement Account;IRA）の創設が認められました。401 (k)プランの開始やIRAの加入対象拡大は1980年代になってからで、このあたりから退職後に向けた資産を個人で積み立て、管

理していくという流れが生まれました。

エリサ法による制度と、その後の動き

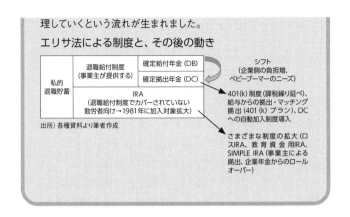

出所）各種資料より筆者作成

投資一任につながる米国の歴史② ——個人が運用を始めた80年代

　ERISA法で従業員の企業年金受給権保護が謳われ、また企業会計上も確定給付年金を抱えることがリスクになってきた米国の企業は、1980年代の「IRA（個人退職金勘定）の加入対象拡大」や「401（k）プランの開始」などを受け、少しずつ確定拠出年金にシフトしていきます。「確定給付年金」と「確定拠出年金」は、名前はよく似ていますが、中身は大きく違います。

　「確定給付年金」は、年金を運営する企業が給付に責任を持ちますが、「確定拠出年金」で決まっているのは年金に拠出する額だけであり、退職後にいくら受け取ることができるのかはあらかじめ決まっていません。受取額は運用した結果によって変わり、どういった投資先にいくら配分するのかといった運用の判断も、運用した結果の責任も従業員にあるのです。こうして、自分の年金、つまり退職後資産を管理する

ことになった個人は、否応なしに金融市場に参加せざるを得なくなったのです。

　1980年代の初めはインフレ退治のために金利が引き上げられていたこともあり、債券での運用でかなりのパフォーマンスを得ることができました。しかし、金利が下がってしまうと個人は運用先を求め、株式に向かうようになります。その中で、1987年のブラックマンデーのような大きなマーケット変動があり、また、投資信託の広まりなど運用商品のシフトや新商品・サービスも登場し、投資家としての経験やスキルが積み上がっていきます。この時期は、資産運用に関する理論にも注目が集まりました。「運用パフォーマンスのばらつきの大半は、資産配分で説明できる」としたブリンソンらの論文が最初に出たのは1986年です。また、1952年に出された「ポートフォリオ選択」で分散投資の有効性を主張したマーコウィッツが、1990年にノーベル経済学賞を受賞しています。

投資一任につながる米国の歴史③ ——投資一任の大衆化とフィー型モデル台頭の90年代　☆

　1980年代から1990年代にかけての大きな変化の1つは、コンピューターなどいわゆるITの進化と劇的なコスト低下でしょう。身近なところでは、パソコンやPCと呼ばれる個人用のコンピューターが普及し始めたのが1980年代終わり頃です。コンピューターをつなぐネットワークもこの頃から身近になります。金融の世界では一足早く、投資分析やリスク管理に高性能な分散型のコンピューターを利用するようになっており、これによって、それまでは機関投資家や、ファミリ

ー・オフィスを抱えられるような超富裕層にしか提供できなかったような、柔軟で個人のニーズに沿った金融サービスである投資一任が、一般にも提供できるようになってきたのです（とはいえ、かなりの富裕層からですが）。

　もう1つの大きな変化は、フィー型ビジネスの台頭になります。1987年に公開された映画「ウォール街」（日本では1988年に公開）を見るとわかるように、米国でも当時の証券ビジネスは、有価証券売買から手数料を得るモデル（コミッション型のモデル）でした。こういったビジネスに対して、本当に顧客の利益にかなっているのだろうかとの疑問が生まれ、どうすべきか議論するための委員会が米国証券取引委員会（SEC）によって1994年に設置されました。詳しいところは岡田・和田論文「米国SMA・ファンドラップの拡大を支えた規制と金融機関経営の変遷」をご覧ください。

　この委員会のリーダーが、当時のメリルリンチのタリーCEOであったことから、この委員会はタリー委員会とも呼ばれています。そして、この委員会が出した、いわゆる「タリー報告書（タリーレポート）」で、顧客、金融機関、アドバイザーの利害を一致させるものとして、預かり資産額に対してフィーを課す「フィー型モデル」が示されたのです。売買頻度を増やすことが顧客の利益になるとは言えませんが、売買から手数料を得られる証券会社にとっては利益になります。ここに利益相反の可能性が潜みます。

　フィー型モデルでは、預かり資産が増えることで、顧客も利益を得ますし、それに従ってアドバイザーの得るフィーも増えていくため、顧客資産を増やすという共通の目的が生じ、利益相反が起こりにくいといわれています。タリー報告書でフィー型モデルが提唱されたことで、このモデルへの流

れが生まれました。

投資一任につながる米国の歴史④ ——投資一任の広がりとフィー型モデル

"The New Managed Account Solutions Handbook" によれば、SMA（セパレートリー・マネージド・アカウント）の原型は1975年までさかのぼれます。当時は機関投資家向けのサービスでしたが、1990年代頃から、先に説明したように個人向けにもサービスが広がり始めました。SMAは基本的に、1つの資産クラスに特化した投資一任サービスになります。例えば、日本株投資用のSMA、日本の大型株投資用のSMA、といった具合です。また、SMAが投資する先は個別の有価証券になります。これを源流として大きく2つの流れが出てきます。

1つは、複数資産への投資を行うSMAの誕生です。投資対象を広げながら最低投資金額が下がったこともあり、SMAを始めやすくなりました。もう1つは、投資信託（投信）に投資する「投信ラップ（ファンドラップ）」の誕生です。投信に投資することで、①複数の資産クラスに容易に分散投資できる、②最低投資金額を下げることができる、という2つの特徴が生まれます。SMAでは可能だった「自分の好みや考え方を銘柄選択に反映させる」「売買する明細を選ぶ（日本では特定口座が主流となっており、同じ銘柄では購入単価は均一にされますが、米国では、同じ銘柄でも購入した時期や取得価格を分けて管理しているため、「損出しができる明細から売る」「長期保有で税率が低いものから益出しする」といった取引が可能です）ことで、有利な税制での売

却や、損出し、値洗いを行う」などの個別ニーズへの対応は、投信を投資対象にしたことで難しくなりました。一方で、いろいろな資産クラスに、自分のニーズに近い配分で分散して投資することが比較的少額でできるようになりました。これによって、投資一任のすそ野がさらに広がりました。

　また、投資一任は、個別の売買ではなく、金融資産全体の管理に対してフィーを課すため、フィー型モデルの流れにもマッチしていました。

投資一任につながる米国の歴史⑤ ──「普通の」人に注目し始めた2000年代　☆

　2000年代に入ると、行動ファイナンスが広がり始めます。行動ファイナンスの研究はマーコウィッツのポートフォリオ理論とそれほど変わらない時期から行われていますが、ポートフォリオ理論に遅れて、このあたりから実務で活用できるようになってきています。行動経済学の創始者であるダニエル・カーネマン博士が、この新しい研究分野の開拓に貢献したとしてノーベル経済学賞を受賞したのが2002年になります。2006年には米国で年金保護法が制定されました。これは行動ファイナンスの大きな成果の1つと言われています（コラム5－②をご覧ください）。

コラム4-② タリー報告書（タリーレポート）

　岡田・和田論文によれば、タリー報告書では、証券会社におけるベスト・プラクティス（望ましい業務）として、①顧客と販売会社及びファイナンシャル・アドバイザー（FA）の利害を

一致させるために、残高連動の手数料体系が望ましいこと、②顧客も目的を理解し、投資家教育を重視すること、③系列商品とそれ以外で、販売員の報酬に差をつけないこと、などを示しました。この背景には、当時のビジネスの問題点として、FAの報酬制度が個別銘柄の売買によるコミッションを基準としており顧客口座に対して過度な回転売買を助長していると考えられていたことがあります。また、「セールス・コンテスト」と言われる競争が行われ、成績優秀者となったFAに対して旅行券やテレビなどの景品が提供されていた（そして顧客はそのことを知らされていなかった）ことも問題視されています。米国では、ITの発展や低価格化といった技術的な変化に加えて、こうした「これまでのビジネスのやり方に対する疑義やあるべき姿の提起」がなされたことで、フィー型ビジネスへのシフトにつながったと考えられています。

　日本でも、2020年8月に、「金融審議会 市場ワーキング・グループ報告書―顧客本位の業務運営の進展に向けて―」が出されました。そもそも、2017年3月に「顧客本位の業務運営に関する原則」が策定、公表されており、これをさらに進めることを目指したものです。ここには「顧客の意向を確認した上で、まず、顧客のライフプラン等を踏まえた目標資産額や安全資産と投資性資産の適切な割合を検討し、それに基づき、具体的な金融商品・サービスの提案を行うこと」、「金融事業者が、金融商品・サービスを顧客に提案し、又は、顧客がこれを選別する場面においては、手数料の構造や従業員の業績評価体系に起因する利益相反も含めて重要な情報が強調されるとともに、（中略）メリハリをつけたわかりやすい情報提供のあり方を検討することが重要である」、「顧客の属性・意向を軽視した営業員主導による取引の勧誘や回転売買などの販売手数料の獲得を主目的とした取引の勧誘が確認されている。このような顧客の属性や意向を軽視する取引の勧誘や顧客の利益を犠牲にして業者の利益を追求する行為は（後略）」といった記述があります。タリー報告書ほど踏み込んだものではないかもしれませんが、もしかしたら日本がこれから変わっていくきっかけになるかもしれません。こちらもぜひご覧ください。

　資産管理という面では、2000-02年のITバブル崩壊、2007-2009年の世界金融危機、といった金融市場の大暴落を短期間に経験することになります。これによって、改めて投資をする意味を考えさせられます。退職後資産といった大きな資産を形成するには長期的な投資が不可欠ですが、人はマーケットの変動につられて短期的な行動をとってしまいがちで、そうするとパフォーマンスに悪影響を及ぼすことも、ダルバー社による分析などからわかってきました（ダルバー社が示しているこの悪影響を「ダルバー効果」と言います。詳しくは第5章「ゴールベース資産管理と投資一任」をご覧ください）。

　こういった中、どうすれば少しでも合理的になり資産を上手に形成できるのか、アドバイザーは何を提供することで顧客の役に立てるのか、を考えた結果が「ゴールベース資産管理」になります。ゴールを明確にし、それに合わせて口座を分けて、適切なリスクを取って、長期で運用することで、人は少しでも合理的な行動ができるようになります。これも行動ファイナンスの研究から見えてきた大きな成果です。

投資一任サービスのさらなる広がり

　投資一任の種類として、ここまではSMAとラップ（ファンドラップ）のみを取り上げてきましたが、表4-1にあるように、米国の投資一任にはさまざまなタイプがあります。スタートはSMAで、ここから投資対象を投資信託に変えた「ファンドラップ」が出てきます。これによって最低投資金額を引き下げることができ、また複数の資産クラスを対象に

投資できるようになったため、資産配分やリバランスの機能もつきました。一方で、SMAのような個人の細かいニーズへの対応（税制の活用や、投資したくない銘柄などの考慮）はできなくなりました。ファンドラップよりもさらにコストを意識したものが、ETFに投資する「ETFラップ」です。一般にETFの方が投資信託よりも売買手数料や信託報酬などが低く、顧客の費用負担を減らしたいアドバイザーがETFラップを採用するようになりました。米国ではアドバイスフィーは売買などにかかる費用とは別に受け取っており、アドバイスフィーの水準を維持しながら顧客が負担する費用を下げようとすると、売買手数料や信託報酬などが安い商品を使うことになります。また、SMA自体も、先に紹介したように、投資対象となる資産クラスが徐々に増えるだけでなく、複数の資産クラスにまとめて投資できるタイプも登場しました。

　もう1つの大きな流れは、「担当者助言（レップ・アズ・アドバイザー；Rep as A)」「担当者一任（レップ・アズ・ポートフォリオ・マネージャー；Rep as PM)」になります。これは、遠くにいるファンド・マネージャーがまとめて運用するのではなく、顧客についている営業担当者が、顧客に対して売買の助言を行ったり、一任されて売買したりするサービスです。担当者の裁量が大きく、「腕の見せ所になる」ということで、古くからの営業担当者がいる大手証券会社（ワイヤーハウスと呼ばれます）で主に提供されています。

　これらの投資一任はそれぞれ別々に独立して提供されるサービスで、極端に言えば「それぞれ口座を開いてください」という場合もあるようで、そうすると資産全体を見て管理・

表4-1 さまざまなタイプの投資一任

タイプ	特徴
SMA (エス・エム・エー、セパレートリー・マネージド・アカウント)	基本的には、1つの資産クラスに特化した投資一任サービス。個人の口座にある個別銘柄を管理するため、プロに運用してもらいやすい。その後、複数の資産クラスを対象としたMDA（マルチ・ディシプリン・アカウント）が登場
投信ラップ (ファンドラップ)	投資信託を投資対象とした投資一任サービス。複数の資産クラスに容易に分散投資でき、また最低投資金額が低いという特徴を持つ
ETFラップ	投資信託の代わりにETFを投資対象とした投資一任サービス。一般にETFの方が投資信託よりも売買手数料や信託報酬などが低く、顧客の費用負担を減らすことにつながる
担当者助言 (レップ・アズ・アドバイザー、Rep as A / RepA / RAA)	遠くにいるファンド・マネージャーがまとめて運用するのではなく、顧客についている営業担当者（Representative → Rep／レップ）が、顧客に対して売買の助言を都度行い、顧客による売買判断を受けて執行する
担当者一任 (レップ・アズ・ポートフォリオ・マネージャー、Rep as PM / RepPM / RPM)	顧客についている営業担当者が、投資判断を一任され、投資業務を行う
UMA（ユニファイド・マネージド・アカウント）	複数の投資一任サービスを含む複数の口座を統合的に管理するサービス

出所）各種資料より著者作成

運用することが難しくなります。新しいサービスがどんどん追加され、金融機関同士が合併を繰り返してきた米国では、こういった形になってしまいがちなようです。これを解決する仕組みとして、UMA（ユニファイド・マネージド・アカウント）と呼ばれるサービスも出てきています。「ユニファイド」は日本語にすると「統合された」という意味になります。いろんな口座や契約をまとめて面倒見るぞ、ということです。

投資一任につながる米国の歴史——まとめ

まとめるとこうなります。1970年代から1980年代にかけ

て、退職後資産の管理を個人が負うようになっていきます。401（k）プランやIRAといった、退職後資産を積み立て・管理する制度が用意される一方で、企業が提供してきた確定給付年金が、401（k）プランやIRAといった確定拠出年金に変わっていきます。また、金融資産を管理・運用するための理論とツールも整備されていきます。

　その中で、顧客とアドバイザーの利害を一致させる取り組みを提起した「タリー報告書」が出ることで、フィー型モデルへの流れが出てきます。ちょうど同じ頃、コンピューターなどITの発達と価格低下が進み、機関投資家や超富裕層にしかできなかった資産管理手法が、一般の富裕層でも使えるようになりました。これが投資一任の広がりにつながっていきます。

　また、2000年代には行動ファイナンスが活用されるようになります。制度面では退職後資産積み立ての仕組みに組み込まれ、アドバイザーからすれば、投資一任と合わさって「ゴールベース資産管理」という流れになっていったのです。

　こうした歴史の積み重ねがあって、今の米国の個人金融資産が形成されています。株高だけが理由ではないと思います。日本でも、こういった要素はここ数年でそろってきています。素地は整ったといえるでしょう。

第 5 章

ゴールベース資産管理と投資一任

BASICS OF
MANAGED ACCOUNTS

ゴールベース資産管理は、顧客のゴールをうかがったうえで、その実現に向けてサポートしていくアプローチです。

　人間は、いつも合理的とはいきません。資産管理にはこれが悪い影響を与えがちです。ゴールベース資産管理には、顧客が一人の人間であるとの前提のもと、少しでも合理的に行動してもらうための工夫がちりばめられています。

　投資一任の、「運用目的を決め、それに沿った運用の方法を選び、実際の運用はプロに任せ、取り決めに従って運用されているか定期的に報告を受け、必要に応じて見直す」という一連の流れは、「ゴールを決め、それに沿った資産管理の方法を選ぶとともに顧客がやるべきことを決め、それに沿って資産管理し、ゴールに向かって進んでいるか定期的に確認し、必要に応じて見直す」というゴールベース資産管理の流れに良く合っています。

　ゴールベース資産管理は、少しでも合理的に行動するためのアプローチですが、ずっと将来にあるゴールに向かって一人で黙々と取り組んでいくのは難しいものです。そこにアドバイザーが手助けするチャンスや価値があります。

ゴールベース資産管理とは　☆

　ゴールベース資産管理は、ゴールベース・アプローチ、あるいはゴールベース・ウェルス・マネジメントとも呼ばれます。アドバイザーから見ると、この方法は、顧客のゴールをうかがい、それが実現できるように特にお金の面からサポートしていく形の金融サービスになります。従来の金融サービスが「より高いリターン」を狙うものであるとすると、ゴールベース資産管理は、「顧客ごとに違うゴールにあわせて、求めるリターンの水準を考えていく」ものです。

　少し前に金融庁が、「貯蓄から投資へ」という標語を「貯蓄から資産形成へ」と変えましたが、ベースにあるのは同じ考え方、つまり、ゴール（目的）ありき、だと思います。また、「ゴールに沿って投資（資産管理）」するものですので、ちゃんとゴールに向かって進んでいるのか定期的な確認が必要です。そして、家族が増えた、転職したなど生活の状況が変わった、あるいは資産の状況が変わったなどで、もともとのゴールを見直す必要が出てきたら、改めてゴールの検討を行います。これらをまとめたのが、**図5-1**の「ゴールベース資産管理の流れ」にな

図5-1　ゴールベース資産管理の流れ

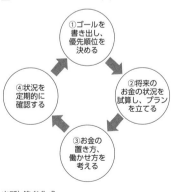

出所）筆者作成

105

ります。

　ゴールの実現は、数カ月先ではなく、基本的にはかなり先の将来になります。数年先のこともあるでしょうし、リタイアに向けた準備だと数十年になるかもしれません。時間をかけて準備していくものですから、この矢印の流れを何度も繰り返していくことになります。地道な取り組みを淡々と続けていくのは忍耐がいりますし、長い時間の中では相場の荒波が何度も来るでしょう。今までの「投資」のやり方であれば途中で挫折して投げ出してしまっていたかもしれません。でも、ゴールベース資産管理では、自分の「ゴール」が出発点になって、ゴールを実現するためのプランを立てて資産管理・運用を行いますので、リスクを取る意味や、その結果目指すところが顧客にも理解されていて、地道な取り組みも続けやすくなり、多少の市場の荒波も越えていけると考えられています。

　こうしてゴールを決めてそれに向かって資産管理・運用していくことで、顧客は粘り強く行動できるようになり、アドバイザーも顧客にあった提案がしやすくなります。

　「この商品がいいですよ」「売れ筋ですよ」という提案から、「あなたがゴールに向かうためには、この商品のこの機能を使うのが良いと思いますよ」という提案に変わります。顧客のゴールが起点になっているので、顧客本位ですよね。

ゴールベース資産管理の流れ

　ここで改めて、**図5-1**の「ゴールベース資産管理の流れ」を簡単に説明しましょう。まず、①「ゴールを書き出し、優先順位を決める」ステップでは、なぜ運用するのか、

いつそのお金が必要で、そのためにどれくらいリスクが取れるのか、を考えます。ここで、ゴールは1つではなく、複数あるのが普通です。このため、ゴールの優先順位も何となく考えておきます。プランを立ててみないと細かいところはわかりませんし、あとで述べるように、人間の特性として優先されるものもあると思います。どれくらいリスクが取れるのかというのは感覚的ですが、もし運用がうまくいかなくて資産が減ってしまったらどうなるのか、その目的のために使おうと思っていたお金が減っても我慢できることなのか、他からお金を回せるのか、などから考えます。

また、投資に対する自分の感覚も確認する必要があります。リスクを積極的に取りに行く人、変動や含み損をかなり気にする人など、人によって投資に対する感覚が違います。これは性格のようなものなので、何が正しいというものではなく、長い間投資し続けるために、自分が受け入れられるポイントを理解しておく必要があります。無理すると続きませんし、スタート時には楽観的に考えがちになるので、慎重に考えておく必要があります。

ゴールが明確になったら、②「将来のお金の状況を試算し、プランを立てる」で、具体的なプランに落とし込んでいきます。いわゆる「ライフプラン」になります。①で挙げたゴールに加え、今の資産や負債、今後の収入や支出の見通しなどをもとに、将来の収支や資産額の推移を推計します。これによって、いろいろ考えたゴールが実現可能なものか、どのゴール実現を優先するのか、より深く考えることができるようになります。やりたいことを実現するために、次のステップ③で運用も考えますが、その前に、働き方や退職時期、収支バランスの改善を検討することも大切です。金融資産以

外の資産の活用も、ここ
で考えていくことになり
ます。

　そのうえで、③「お金
の置き方、働かせ方を考
える」で、資産配分や投
資先など具体的な投資方
法を考えます。この時
に、リスクやリターンの
数字だけを見ても実際の

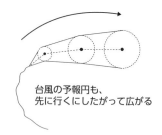

図5-2　将来予想には幅がつきもの

台風の予報円も、
先に行くにしたがって広がる

出所）筆者作成

資産への影響はわかりにくいものなので、仮に運用してみた
らどうなりそうか将来資産額の推移を試算してみる場合もあ
ります。ただ、リスクがある資産に投資した場合の将来の試
算は簡単ではないですし、1つの数字や1本の線で表される
ものでもないのです。「○%で運用できれば、10年後には×
円になりますね」というのは危険な推計です。投資にはリス
クがあるので、将来の資産額はピンポイントでは推計でき
ず、幅を持って推計すべきです。身近なところだと、台風の
進路予想を思い出してもらうとよいでしょう。予想する日付
が先になるほど、台風の中心が入ると考えられる範囲（予報
円）が大きくなります（**図5-2**）。投資も同じで、遠い将来
になるにしたがって、資産額がこのあたりに入っているであ
ろうと推計される範囲も広くなります。

　図5-3は、野村證券で使われている、筆者が開発したライ
フプランニング・サービス（野村の「資産設計」）の将来
資産額推計のイメージです。推計を範囲で表すために、ケー
ス1〜ケース4の4本の線を使っています。幅という意味で
は、ケース1とケース4の2本を見てもらうとよいでしょ

図5-3『野村の「資産設計」』の将来資産額推計のイメージ

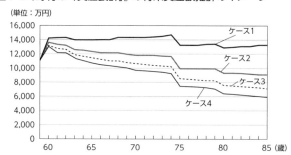

（単位：万円）

出所）野村證券

う。ある確率でこの２本の間に将来資産額の推計値が入るよう線が引かれています。この例でもわかるように、リスクがある資産への投資を考える場合にも、将来に行くにしたがって、推計の幅は広くなります。

　具体的な運用方針を考える際には、この「推計の幅」や、うまくいかなかった場合の損失の状況などを見ながら、受け入れられる投資方法を探すことになります。もちろん、自分の好みも反映させましょう。ゴールごとに資産管理・運用の方法を分ける、同じゴールでもいくつかの投資商品・サービスに分ける、などもあるでしょう。投資一任も、その１つになります。

　これで、ゴール実現に向けた資産管理・運用が開始できます。運用プロセスで大切なのは、ゴールに向かって進んでいるか、当初のプランに照らしてみて想定の範囲内なのか確認することです。自分にとって運用結果はどうなのかを考え、必要であれば最初の目的から見直すのが④「状況を定期的に確認する」というプロセスになります。状況の確認・共有で

は、運用面だけではなく、顧客（自分）の状況がどう変わっているかも共有することが大切です。これは、ゴールの変化・見直しにつながるからです。定期的な確認の中でゴールの見直しがわかれば、改めて①のプロセスに進みますし、そうでなければ②の将来推計も使いながらゴールの実現可能性を評価し、③の運用、④の定期的な確認を行っていく流れになります。

どんなゴールがあるか？

ゴールとして選ぶのは、人生を送るうえで実現したいことになります。「リタイア後に豊かな生活をしたい」というのは、金額の面でも、準備に必要な期間や、積み上げた資産を取り崩し豊かな生活のために使っていく期間という面でも大きなゴールです。家を買う、子供を進学させる、というのもゴールですし、毎年海外旅行に行く、いざというときのために困らないように余裕資金を作っておく、というのもゴールです。こうしてゴールが見えてくると、実現したい時期や必要なお金がわかってきます。

コラム5-① 「安全」の定義

よく「安全資産」とか、「国債は安全だ」という表現を目にしますが、「安全」とは何でしょうか？　「安全資産」という使い方では、「価格の変動が小さい（＝リターンも小さいが、リスクつまりリターンの変動も小さい）、ということを指します。将来のキャッシュフローや資産価値を想定しやすいのが「安全」なのです。ですので、投資の世界ではリスクがゼロの「無リスク資産」という概念があります（リターンは問いませんが、普通に

考えればリスク資産より小さくなります)。機関投資家の運用
実務上は、ごく短期の、信頼できる銀行間での資金の貸し借
りを無リスク資産と見なしたりします。

　では、我々普通の人が生涯のお金について考える時の「安
全」とは何でしょうか。銀行預金のように、投資した際の元本
が守られることでしょうか? 資産形成し、投資するのは、将
来必要になるお金を、時間をかけて用意しておきたいからで
す。そうすると、投資したお金が減ってしまっては困りますの
で、元本が守られるというのは大切です。でも、元本さえ守ら
れれば良いのでしょうか? その時が来て「さあ!」というとこ
ろで、目的としていたことに対して金額が不足していたら困り
ますよね。元本から減ってしまったことで足りなくなったのではな
いのです。元本は確保したのに買えなくなったのは、モノの値
段が上がることを考慮しなかったためです。

　お金が持つ、モノを買う力を「購買力」と言います。将来に
物価変動があっても予定していたものを買える(ゴールを実現で
きる)よう購買力が維持されているのを「安全」と考えることも
できます。この場合、インフレに備えるために、それなりのリ
スクを取る必要があります。元本の変動だけを見ると「安全」
ではありません。でも、「購買力」に着目すると、元本確保より
も「安全」です。だから第3章「機関投資家はどうやって運用し
ているか」で説明したように、機関投資家はインフレに負けな
いような運用を目指すのです。自分の資産を管理する際には、
どういった「安全」を求めるのか、立ち止まって考える必要があ
ります。

　ゴールを大きく分けると「恐怖からの自由」と「希望への
欲求」の2つになるようです。そしてこの2つは積み重な
り、ピラミッドになっているそうです(図5-4)。衣食住な
ど生きていくうえで必要なことや、病気・ケガや事故などい
ざというときのお金の準備が下側の層「恐怖からの自由」に
なります。今の日本では、飢えて死ぬといったことはあまり

考えなくてもいいかもしれませんが、最低限の生活がしたい、というのはあると思います。リタイア後で収入が大きく減るとなると特に心配かもしれません。人によって「最低限」の基準も違うでしょう。

図5-4　ゴールは2つに分けられる

出所) スタットマン (2017) などより著者作成

そこが満たされれば、上側の層「希望への欲求」に目が行くようになります。もっと良い生活がしたい、というものですね。海外旅行や高級車、おいしい食事、綺麗な洋服や宝飾品、などもこちらになるでしょう。ゴールは楽しいものだけでも、立派なものだけでもなくて、将来やりたいこと、そうなりたくないために備えておきたいことなど、何でもゴールになりえます。

　そして、一人の顧客の中には、たくさんのゴールがあります。あれもやりたい、これもやりたい、というのが普通です。また、どんなゴールが出てくるかは人それぞれです。上にゴールの例をいくつか挙げましたが、このほかにもたくさんあります。米国では、寄付や慈善活動もゴールとして挙がってきます。マイクロソフト創業者のビル・ゲイツが配偶者メリンダと創設したビル&メリンダ・ゲイツ財団や、ウォーレン・バフェットとともに始めたギビング・プレッジなど有名な取り組みもありますが、第3章「機関投資家はどうやって運用しているか」で紹介した寄贈基金も多くの寄付から成り立っており、寄付や慈善活動は普通の人のゴールの1つになっています。

　どのゴールが重要かも人によります。人によっては「恐怖からの自由」に入るようなゴールでも、他の人は「希望への欲求」と考えるかもしれません。そうすると、優先順位は下がります。どんなゴールが大切なのか、何を後回しにしてどういう順で実現していくのかといった、自分の人生観について踏み込んで考えることが、ゴールベース資産管理のスタートになります。加えて、ゴールはその人だけで考えるのではなく、夫婦、家族としても考えていくものです。家族や子孫に対してどうしたいか、家族としてどうありたいか、もゴールになります。ですので、**図5-1**「ゴールベース資産管理の流れ」の②で夫婦の収入や支出、資産をもとにライフプランを考えますし、子供の教育費や、子孫にどう遺していくかも考えます。そして、**図5-1**③で夫婦それぞれの資産をどう運用するかも考えたいところです。

　こういったことは、家族の中でもあまり話されていないのではないでしょうか。実際、ご夫婦で相談に来られた方が、ゴールの優先順位をめぐって言い合いになることもあると聞きますし、自分が大切にされていることを知ってホロっとなることもあるようです。第三者のアドバイザーがいることでこういった、日本人の感覚では「こっぱずかしい」会話ができて、夫婦のきずなが深まるのであれば、アドバイザーの提供する価値はとても大きいということになります。

ゴールベースと長期投資

　上で説明したように、ゴールベース資産管理で目指すゴールは、短期的なものではなく、しばらく先、かなり先のものになります。ゴールの実現に向けて資産管理・運用していく

時間も、おのずから長期になります。経済やマーケットの成長を信じ、長期的にその果実を得るような長期分散投資がゴールベース資産管理で目指す運用になります。相場の変動に直面すると、どうしても利益確定や損切りが頭に浮かびますが、そういった短期的な行動はゴールの実現にはつながらないのです（その程度の運用で達成できるなら、従来型の投資サービスで十分です）。それをいかに避け、マーケットにとどまり続けるかが、ゴールベース資産管理に求められます。

　大庭の論文「新しい投資アドバイス手法と行動ファイナンス」によると、2008年の金融危機において、米国の金融機関であるSEI Investmentsが抱えるゴールベースの顧客とそうでない顧客で、行動に大きな違いがありました（**図5-5**）。ゴール実現に向けた長期的な資産管理では、市場が変動するたびにこうした短期的な（近視眼的な）行動をとるのではなく、いかにマーケットに居続けるかが重要になります。この調査結果を見ると、ゴールベース資産管理は、顧客を長期的

図5-5　金融危機における行動の違い

伝統的な方法の顧客

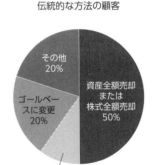

ゴールベースの顧客

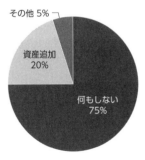

出所）Melissa Doran Rayer（2008）をもとに、大庭作成

な行動に向かわせる力があるように見えます。

人は合理的ではない

　米国に面白い調査があります。簡単に言えば、「個人投資家が余計なことをしなければ、これだけ儲けられたかもしれない」というものです。調査したのは、米国で金融に関するサービスや顧客パフォーマンスなどを評価しているダルバー社です。**図5-6**がその調査結果になります。過去30年間で、マーケットに投資したままにしておけば、株式でも債券でもかなりのリターンが得られたのに、個人投資家が実際に得たリターンはかなり少なかったようです。この「余計なことをしたことで失ってしまったリターン」は、調査した会社の名前を取って「ダルバー効果」と呼ばれたり、余計な「行動」で生じた「ギャップ」ということで「行動ギャップ」と呼ばれたりします。

　「余計なこと」というのは、売買です。売買を行えば、そのたびに手数料がかかります。これだけでも不利益になります。さらに、相場が良くなれば気持ちが大きくなって

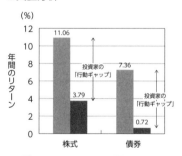

図5-6　米国における行動ギャップの実証分析

注）2013年末までの30年間のデータに基づく。投信の投資家のリターンは米国のデータを対象に分析。市場インデックのリターンは、株式はS&P500指数、債券はバークレイズ・アグリゲート・ボンド・インデックスを元に計算。詳細は、ダルバー社のレポート「QAIB 2014」を参照のこと
出所）ダルバー社ニュースリリース、『ゴールベース資産管理入門』より野村證券作成

買い、相場が下がれば怖くなって損切りしてしまうことで、収益を得るチャンスを失ってしまっています。相場に乗るのが一番、あるいは損をある程度のところで食い止められたのだから、という意見もあるかもしれません。でも、結局は高値掴みでその後下落し、安値売りで戻りのチャンスを失った、というのが実際のところだと思います。少なくとも、長期間で、全体としてみればそうだったのです。

人が合理的ではないことを受け入れる――行動ファイナンスを活用する

　ではなぜ、余計なことをしてしまうのでしょうか。自分の力を過信して売買したくなる、感情にゆさぶられて行動してしまう、周りに後れを取りたくないと思ってしまう、といった理由ではないでしょうか。人がこうやって間違ってしまうこと、常に合理的には行動できないことについても、現代ポートフォリオ理論と同じくらい古くから研究されています。それが行動ファイナンスです。

　行動ファイナンスは、「どうも人間は合理的に判断していないようだ」というところから始まっています。行動ファイナンス研究の先駆者であるダニエル・カーネマン博士は、2002年にノーベル経済学賞を受賞しています。彼の最も有名な業績の１つである「プロスペクト理論」というのは、簡単に言うと、①人は、損失と利益とを同等には考えていない（同じ金額だとしても、損失の方が利益に比べてインパクトが大きい）、②損失にしても利益にしても、金額が大きくなると、痛みやありがたみが減る（お腹いっぱいになって感度が下がる）、というものです。なかなか単純ではないです。

　こういった研究を起点として行動ファイナンスの研究が積み上がり、人が間違いやすいパターンが見えてくるとともに、どうすれば少しでも合理的に行動してもらえるようになるかも研究されるようになりました。「間違えやすいパターンをあらかじめ知っておいて注意する」というのは、残念ながらうまくいきません。『ゴールベース資産管理入門』（日本経済新聞出版）によれば、人間が間違えるパターンは少なくとも数百あり、覚えられるものではないですし、我々が人間である以上、どうしても失敗はつきものだと思います。

　「どうすれば少しでも合理的に行動してもらえるようになるか」を研究した成果の1つが、米国での「2006年年金保護法」になります。詳しくはコラム5-②に譲りますが、退職後資産を形成する行動を促すために、行動ファイナンスの知見を使って作られた制度です。

コラム5-② 2006年年金保護法と行動ファイナンス

　行動経済学、あるいは行動ファイナンスの大きな成果の1つとしてよく取り上げられるものに、米国で2006年に制定された年金保護法があります。リタイア後に向けて資産形成を行うには、若いうちから時間をかけて、きちんと積み立て、適切なリスクを取って運用することが大切です。ですが、日本と比べて個人金融資産が豊かと言われている米国でも、個人の判断や行動に頼るとなかなか難しいというのが正直なところです。これは、できない人が悪いのではなく、我々が人間だから、どうしても常に合理的になれないというのが原因です。これを行動ファイナンス的な知見から解決しようとしたのが、年金保護法で定められた、401 (k) プランへの「自動加入」と、ある程度リスクを取って運用する商品を「適格デフォルト商品」にしたこと、になります。

これによって、401（k）を採用している企業は、①入社時に、その社員を401（k）に自動的に加入させることができる、②バランス型のファンドなど、リスクがある投資先をデフォルト商品（＝何も指定されてない場合に、拠出したお金を投資する先）に指定できる、ようになりました。制度があることを伝えるだけ、加入手続きを説明するだけでは、いろいろ面倒になって申し込まない人も出てきてしまいます。でも、この「自動的に加入し、ある程度リスクを取って運用する」仕組みによって、入社した人が気づかないうちに「より合理的な行動」を取れるようになりました。長期的に資産形成するために何が合理的か、何をすべきか、というコンセンサスがあり、その方向に導くにはどうすればよいか、長く続けてもらうにはどうすればよいかを、行動ファイナンスの知見を活用して仕組み化したのが素晴らしいと思います。

この制度のもう1つの大きなポイントは、入り口は全員そろって加入ですが、出るのは各自の判断に任せているところです。「絶対やれ！」と言われると反発しますが、「とりあえず入れておいたから、いやなら出ていいよ」と言われると、意外とやめずに続けるものです。同じように、投資商品も「そのままでいいや」となり、結果的に合理的な行動をとる人が増えたのがこの仕組みのすごいところです。これは、行動ファイナンスの「現状維持バイアス」などを使ったもので、強制でも、本人任せ（自由）でもない、第3の方法になります（リバタリアン・パターナリズムとも言われます。パターナリズム、つまり父親がするように、適切と思われる方に向かわせるが、リバタリアンとして本人の自由意志も尊重する、という方法です）。日本でも「確定拠出年金法等の一部を改正する法律」（2018年施行）で「指定運用方法（いわゆるデフォルト商品による運用）」に係る規定が整備されたので、少しずつ変わっていくかもしれません。

そして、アドバイザーが資産管理の提案を行うための「ゴールベース資産管理」も、少しでも合理的に行動してもらえるよう行動ファイナンスの知見を盛り込んだアプローチにな

ります。合理的になれば、ダルバー効果も避けられますし、現代ポートフォリオ理論など金融に関する理論を使うこともできます。

人が合理的ではないことを受け入れる──ゴールベース資産管理の工夫①

　ゴールベース資産管理の特徴は、まずその名前にある通り、「ゴール」を決めることです。ゴールは先に書いたように、人生の中で達成したいことであり、「資産を1億円まで増やしたい」とか「年率20％稼ぎたい」といった単なる金額目標・数値目標ではありません。ゴールを決めることで運用の目的と必要性がはっきりします。また、具体的なゴールを決めておくことで、何かの折にゴールを思い出し、改めて「達成したい」というマインドアップにつながります。これが長期的な取り組みにつながるのです。目標（目的）を設定し中心に据える大切さは、サイモン・シネックのTED Talkや『WHYから始めよ！』（日本経済新聞出版）などでも強調されています。ゴールベース資産管理という観点では『ゴールベース資産管理入門』の「おわりに」でも取り上げられています。長期的な資産管理は非常に地味で平凡な作業になりがちです。何のためにやっているのかわからなくなれば、合理的な行動は難しくなるでしょう。やっていることに意味を持たせるのが目標（ゴール）になります。

　また、ゴールを決めてそれに対してお金を振り分けることで、別の目的で使いこんでしまう失敗が減ると言われています。「このお金は○○のため」「あのお金は△△のため」というように、お金を目的ごとに分けてそれぞれで考える（お金

に色をつける）ことを、「メンタル・アカウンティング」と言います。心の中に口座（メンタル・アカウント）を作り、そこにお金を入れるイメージです。よくある節約術で、「給料が入ったら、使い道ごとに封筒に分ける」というものがありますが、同じようなものです。具体的なゴールを設定し、それぞれにお金を割り当てると、他のゴールに流用することへの心理的なハードルが上がります。仕分けのできていない、名前のついていないお金だと、貯まると使ってしまうかもしれません。でも、「子供のためのお金」は「子供のためのお金」であって、それを使って家族旅行に行ったりはしないと思います。これがメンタル・アカウントの力です。

　預金口座にお金をまとめて入れておくと、こういった分別管理が難しくなります。金融機関を分けるという方法もありますが、預金では資産運用の選択肢は非常に狭くなります。こうしたときに、投資一任口座が役に立つことがあります。もともと資産運用機能があり、アドバイザーと相談して目的にあったリスクを取るよう指示できます。さらに口座ごとにゴールを明確にして名前をつけられれば、ゴールベース資産管理に従ったお金の管理が簡単にできるようになります。

人が合理的ではないことを受け入れる——ゴールベース資産管理の工夫②

　ダルバー効果は、感情に揺さぶられて取引してしまうこと（それもよくないタイミングで！）が原因の1つです。これを少しでも減らすことが、投資のリターンを改善し、ゴール達成につながっていきます。感情を動かす要因はいろいろあり、日々の投資成果に一喜一憂するのもその1つでしょう。

テレビや新聞でニュースを見ると毎日の株価や為替の動きが報じられています。これで心配になったり、気持ちが大きくなったりして余計な行動をしてしまうとダルバー効果につながります。

　ゴールを決めて資産運用の目的をはっきりさせるというのも日々の値動きにつられないための工夫です。また、惑わす情報を減らすというのも、行動ファイナンスの知見を活かした工夫になります。分散投資を行うことで、保有資産のリスクを下げることができます。分散投資したこのポートフォリオ全体の値動きだけを見ておけば、組み入れられている個々の資産の値動きに気を取られて慌てることもないと思います。保有している資産全体から見ると、株式の割合はそれほど高くないかもしれません。株式市場が動くと大騒ぎになりますが、それが自分の資産にどれくらい影響するのかは別問題です。自分でポートフォリオを組んで管理・運用していると、個々の資産クラスの動きについてもチェックせざるを得ませんし、「その資産だけ売ってしまえ！」となるかもしれませんが、バランス型投資信託や投資一任を使えば、個々の資産クラスとポートフォリオ全体との間にワンクッションでき、日々の値動きにつられにくくなると思います。

アドバイザーの役割　☆

　ゴールベース資産管理はうまくできているやり方で、ゴールを決め、それをできるだけ実現するようなプランを立て、適切に資産管理・運用を行い（合わせて収支改善なども頑張ってもらい）、定期的にチェックするという一連の流れになっています。だからと言って一人でプランを立てるところか

らできるか、プランがあればずっと続けられるか、というと、実際のところは難しいと思います。医療分野では「アドヒアランス」に関する研究が昔からあるそうです。「アドヒアランス」は固着、支持、遵守という意味で、どうすれば医者の指示や服薬を続けてもらえるかなどが研究されてきています。こうした研究があるということは、医者の指示や服薬でさえ、ずっと続けるのは難しいということの裏返しでしょう。そうであれば、自分のお金の管理についても、ずっと合理的に、プランに従って行動し続けるのは至難の業でしょう。そしてこれは、我々が人間である以上避けられないことです。

　アドバイザーの役割もそこにあります。第4章「ラップの成り立ち」でも触れた通り、数々のマーケット危機を経て、個人向けの金融サービスとして「ゴールベース資産管理」というアプローチが出てきました。アドバイザーは、常に合理的であることが難しく、どうしてもくじけてしまいそうになる「人間」に寄り添って、少しでもゴールを実現できるようにサポートするのが役割になってきています。

コラム5-③ 事前と事後

　物理学の研究やSFの世界はさておき、我々が生きている普通の世界では、時間は後戻りしませんし、将来のことは明確にはわかりません。将来は不確定ですが、それでも「より良い明日」を目指すためには、現時点で使用できる情報をもとに、できるだけ適切に判断し、行動する必要があります。事が起こる前にできるだけ良い準備をするということですので、「事前に合理的に動く」ということになります。雨の予報を見て雨が降っていないのに傘を持って出るのと同じです。

　難しいのは、事前に合理的だと思って行動しても、必ず結果につながるわけではないことです。将来は不確実なのでこれは当たり前なのですが、忘れがちなことです（雨予報で降らないことも、晴れの予報で降ることもよくあることです）。加えて、行動ファイナンスの研究で指摘されているように、人間は「後知恵バイアス」に騙されます。「こうなることはわかっていたはず」、「気づくチャンスはあった」、「もう少し慎重に判断していれば」、という後悔の言葉をよく見るでしょう。でも、事が起きてから（事後的に）知るのは簡単ですし、事前にそんなことがわかるのは神だけです。今を生きる我々にできるのは、「事前に合理的であること」だけです。事前の合理的な判断は、事後の結果と直接結びつかないかもしれませんが、いい加減に判断したり、何も準備していなくて問題に直面したりするよりは良いはずです。我々の言う「合理的な判断」は、統計的に多くの場合良い結果になるというものなので、繰り返していくうちに良い結果の方が多くなるはずですから（それが長期投資です）。

アドバイザーの価値

　米国ではアドバイザーの付加価値に関する研究がいくつも行われており、最も重要な要素は「行動コーチング」と考えられています。顧客のそばにいて、相場が変動する中で、ダルバー効果を少しでも少なくするのがアドバイザーの最も大きな価値になるようです。

　例えば、低コストのインデックス運用で有名なバンガード社によると、行動コーチングによる付加価値は150ベーシスポイント（1.5%）と推定されるようです。これは、マーケットが特に大きく動いた2012年12月末までの5年間で、自己判断で取引したバンガードの顧客と、満期までの年数に応じて資産配分などを調整するターゲット・デート型の投資信託を

保有した顧客についてパフォーマンスを比較した結果から推計されています。ターゲット・デート型の投資信託には、アドバイザーが提供するようなサービスに近いものが含まれているだろうとの前提になります。

また、ラッセル・インベストメンツ社もアドバイザーの価値に関するレポートを毎年出しており、2019年版のレポートでは、アドバイザーが提供する行動コーチングの価値は1.9%と試算されています。ラッセル・インベストメンツの試算方法はダルバー効果に似ていて、自社が算出しているラッセル3000指数のパフォーマンスと、投資信託やパッシブETFへの資金流入出から試算した投資家のパフォーマンスを比較しています。余計なことをせず、ずっとラッセル3000指数を保有し続ければ、かなりのパフォーマンスになったそうです。

他には、資産配分、リバランス、税制活用、取り崩しアドバイス、などがアドバイザーの付加価値として挙げられています。米国とは制度やアドバイザーのできることが違い、これらの付加価値が日本で提供できるかわかりませんが、行動コーチングについては日本でも実行できるのではないでしょうか。

信頼の大切さ

アドバイザーがこうした付加価値を提供するためには、アドバイザーが信頼を得ていることが大切になります。オプション価格を評価する方法（ブラック–ショールズ方程式）の開発と理論的な証明によって1997年にノーベル経済学賞を受賞しているロバート・マートン博士が、アドバイザーの信頼について「医療サービスと似て、ファイナンシャルアドバイ

スのような【掘り下げても本質的に不透明な】サービスを提供する唯一の方法はトラスト（Trust）を通じてのみである」と、いろいろな講演で述べています。ここで、トラスト（信頼）は、「信頼に足るか」と「能力・専門性」の2つから成ります（**図5-7**）。マートン博士のたとえは、「自分の膝が悪くなって、手術しないといけないかもしれない。子供は私のためを思って助言してくれるだろう（＝信頼に足る）。でも、医者ではないので能力・専門性はない。これで子供に頼るだろうか？」です。ちなみに、AIにも聞かないだろうと言っていました（判断根拠が不明すぎる＝大きな判断を行うだけの信頼に足らない）。

　信頼に足るかは、顧客のために、顧客の立場で考えているか、になります。また、能力・専門性は勉強して常に新しい知識をつけること、合理的に判断していること、になるでしょう。アドバイザーはこれらの2つを併せ持つよう努力する必要があると思います。

図5-7　アドバイザーに求められる「トラスト」とその2つの要素

トラスト

- **信頼に足るか**
  - ・自分のために考え提案しているか
  - ・自分のことをよくわかっているか
  - ・自分のことが好きか、共感があるか
  - ・提案は倫理的、合理的、客観的、冷静か
  - ：
- **能力・専門性**
  - ・専門家としてのスキルがあるか、きちんとアップデートしているか
  - ・判断は客観的、科学的、論理的か
  - ・自分が求める情報を持っているか、わかるように説明してくれるか
  - ：

出所）マートン博士の講演等をもとに筆者作成

投資一任とゴールベース① ──資産管理のポイント と投資一任の活用

　人生は長く、いろいろなことをやるにはお金がかかります。ゴール実現に求められる資金をうまく賄っていくためには、長期にわたる適切な資産管理が重要です。そのための仕組みが「ゴールベース資産管理」で、ゴールベース資産管理を長く続けてもらうために、アドバイザーによるサポートが不可欠です。ここまでの説明で出てきた資産管理のポイントを再確認してみると、以下が挙げられると思います。

　・具体的なゴールを決め、名前をつけ、お金を分ける
　・ゴールに合わせてリスクを取る（リスクを取らないとリターンは得られないが、無理に高いリターンを狙う必要はない。また、リスク水準が自分に合っていない＝継続することが難しいなら、ゴールの見直しも考える）
　・ゴールに向かって進んでいるか、定期的に確認する
　・感情に左右されて余計な取引をしない（マーケットにとどまる）

　あとはこれをいかに実現するかになります。第３章「機関投資家はどうやって運用しているか」で取り上げた機関投資家のように、何でも細かく作り込んで、自分ですべて管理することもできるかもしれません。そうすると支払うコストは低く抑えられるかもしれません。でも、時間も取られるでしょう。資産管理のために日々やるべきことがおろそかになり、ゴールを実現することが後回しになってしまったら本末転倒です。妥当なコストの範囲で、任せられることは任せて

しまえばよいと思います。投資一任は、上に挙げたポイント
に良く対応できているサービスだと思います。

　適切なリスクを取って分散投資するだけであれば、投資信
託でも可能かもしれません。資産クラスごとにETFを購入
して、自分で分散投資し、適度にリバランスしてリスクをコ
ントロールする方法もあるでしょう。でも、ゴールについて
アドバイザーと議論し、納得したうえでお金を分けて資産運
用を始め、余計な情報をカットしてもらい、定期的に状況を
確認でき、必要があればゴールの見直しに戻るという、ゴー
ルベース資産管理のプロセスの大半は、投資信託にも自分で
行う投資にも入っていなくて、投資一任なら提供されるので
す。それで資産運用が長続きし、ゴール実現の可能性が上が
るのであれば、追加の費用を負担することも検討してよいの
ではないでしょうか。

投資一任とゴールベース②──アドバイザーの役割の変化

　第4章「ラップの成り立ち」で紹介したように、いろいろ
な動きを経て、「個人向けの金融サービスが提供する価値」
が見直されました。そして、第6章「米国でいま起きている
こと、日本で今後起きそうなこと」で詳しく述べられるよう
に、アドバイザーの役割は、「長期の安心」や「全体的なア
ドバイスをカスタマイズして提供すること」にシフトしてき
ています。こうしたサービスを提供するためには、アドバイ
ザーは顧客との関係をより強いものにし、顧客のことをもっ
と知る必要があります。限られた業務時間の中で、コラム5
-④にあるような顧客への接触を行うためには、業務の見直

し・取捨選択が不可欠になります。そうした流れの中で、銘柄選択や売買勧誘といった投資サービスを、投資一任という形で専門家に任せ、アドバイザーは顧客に会うこと、投資に限らない包括的なサービスを提供することを重視してこれに時間を割く、というのは自然な選択だと思います。米国で投資一任が拡大しているのには、こうした背景もあると思います。

コラム5-④ フォローアップの方法

　金融業界でフィー型ビジネス、コンサルティング営業に取り組む際のヒントとして「スーパーノヴァ」というアプローチが取り上げられることが増えてきたと思います。スーパーノヴァは、当時メリルリンチで地区担当だったロブ・ナップ氏が2000年頃から社内で展開し始めた顧客アプローチになります。日本語訳はされていなさそうですが、テキストも出版されており、ロブ・ナップ氏は今ではコンサルティング会社を設立して広くノウハウを伝えているようです。

　この「スーパーノヴァ」は、卓越した金融サービスを提供するためのアプローチであり、その柱の1つが12/4/2（トゥエルブ・フォー・ツー）と言われる継続的な接触習慣になります（図）。それぞれの数字は、顧客と年間に接触する頻度になります。"12"は毎月1度の定期的な接触を指し、"4"はそのうち4回をポートフォリオ全体の四半期レビューに使うことを意味し、"2"は、さらにそのうち2回を、包括的な話題を議論する60分の対面のミーティングに充てる、ということになります。顧客が事前に認知している定期的な接触が顧客満足度を上げるという考えです。これが1年間の流れで、契約が続く限りこれを続けていきます。アドバイザーの評価項目に、「顧客維持率（リテンション・レート）」があるように、顧客満足度を高めて顧客が離脱しないようにしていくというのは、契約社会である米国のアドバイザーにとってとても重要なことです。

投資一任と照らし合わせて考えると、毎月、ご様子うかがいの電話を行い、四半期ごとに投資一任の運用成果のレビューを行い、半年ごとに資産管理の方針に変わりがないか確認する、ということになろうかと思います。資産管理の方針が変わるのは、相場見通しというよりは、家族が増えた、仕事や住むところが変わった、などの個人的な状況がきっかけになると思います。ゴールが変わるような状況変化が顧客に起きたかどうかということなのですが、運用成果が思わしくなくて、ゴールの見直しを、という残念な場合もないわけではないです。

スーパーノヴァの接触習慣のイメージ

1年を通した12/4/2の接触習慣のイメージ

四半期レビュー　　　　　　四半期レビュー
　　　　　　　　　　　　　包括的な会話

四半期レビュー　　　　四半期レビュー
包括的な会話

出所)「The Supernova Advisor」より筆者作成

また、「顧客維持率」が大切と書きましたが、アドバイザーのビジネス成長のためには、新規獲得も欠かせません。こうした時間を創出するためにも、12/4/2のような計画的な行動・顧客対応が求められます。

投資一任のコストは高いのか

米国でアドバイザーの動向を毎年調査しているレポートがあります。現在はマッキンゼーの一部門になっているプライ

スメトリクス（PriceMetrix）が作成しています。この調査は、北米の25以上のウェルスマネジメント会社から集めた、6万5,000人のアドバイザーが担当している顧客の預かりや取引データが入っている独自のデータベースをもとにしているそうです。証券会社で外務員登録している人は、日本証券業協会によれば2021年6月末で7万4,257人（外務員計）ですので、かなりのデータ量ではないかと思います。

　この調査（2020年版）によると、アドバイザーがフィー型のサービスを提供して受け取るフィーは預かり資産に対して1％強のようです（**図5-8**）。フィーの水準は低下傾向にはありますが、そろそろ収れんするのではないかとの解説も書かれています。米国は日本と異なり、フィーの水準は個別の契約によって決まります。顧客との交渉になりますので、顧客ごとに違い、また契約を更新するたびに変わるはずです（預かり資産の水準によっても変わります）。また、これはアドバイザーが受け取るフィーであって、顧客はこのほかに、

図5-8　米国のアドバイザーが受け取るフィー

出所）プライスメトリクス "The state of North American retail wealth management" より筆者作成

取引や資産管理に使うプラットフォームの利用料を負担するようです。日本の投資一任の手数料が高いのかどうかは、メディアの安易な記事に流されず、こういった水準や、実際に顧客が負担する費用をよく調べて考える必要があります。なお、2021年版のレポートによると、全口座のフィー水準は横ばい、新規口座に対するフィー水準は少しだけ低下してほぼ1％になっています。

ちなみに、このレポートには、アドバイザーごとの預かり資産や収益、フィーベースの預かり資産や収入の割合なども掲載されています。興味がある方はぜひご覧ください。かいつまんで紹介すると、フィーベースの預かり資産は全体の半分程度、収入は7割程度になります（図5-9）。これが、2021年版のレポートになると、フィーベースの収入が4分の3を占めると書かれています。図5-9を見てもわかるように、フィーベースへのシフトがどんどん進んでいます。また、全体の半分の資産で4分の3の収入を生んでいることか

図5-9　米国のアドバイザーにおけるフィーベースの普及状況

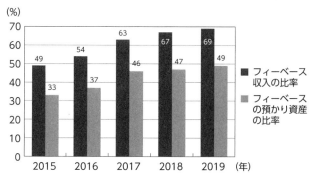

出所）プライスメトリクス "The state of North American retail wealth management" より筆者作成

ら、フィーベースの方が預かり資産に対して収益率が高いこともわかります。

　逆に言うと、預かり資産ベースではフィーベースは半分程度までしか増えていません。第4章「ラップの成り立ち」で紹介したタリーレポートをきっかけに、米国ではフィーベースにシフトしてきていますが、四半世紀（25年）経っても、すべてがフィーベースになったわけではありません。この理由として、すべての資産をフィーベースにすると手数料全体の負担も高く、顧客がうまく口座を使い分けているのではないかという見方もあります。日本でも、顧客がより良い選択ができるよう、いろいろな選択肢を用意しておく必要があるのでしょう。

投資一任でカバーできないこと

　投資一任はゴールベース資産管理に良くマッチしている金融サービスだと思いますが、投資一任でもカバーできないことがあります。ゴールベース資産管理では、できるだけゴールが達成できるよう資産運用を行いますが、頼りにする資産は金融資産だけではなく、不動産などの実物資産も入ってきます。また、いつまで働くかも、今のお金の使い方も見直す対象になります。金融資産のリターンがすべてではなく、顧客の行動を含めたいろいろな手を使って、顧客が人生でやりたいことをできるだけ実現させようというのがゴールベース資産管理です。ゴールベース資産管理のほうがより広い概念で、投資一任はそのうちの一部と相性が良い、という関係だと思います。

コラム5-⑤ アドバイザーが所属する先

　本文中に「ウェルスマネジメント会社」という表記があります
が、これは何でしょうか。簡単に言えば、顧客の資産を管理す
る会社で、アドバイザーが所属するところになります。日本で
は、独立系のアドバイザーはまだ少なく、金融サービスを提供
するのは、銀行や証券会社などの金融機関に勤めている人
（従業員）であることが多いのではないかと思います。また、こ
うした人が金融機関を渡り歩いたりすることもまれだと思いま
す。

　米国では、ワイヤーハウスといわれる大手証券会社などが中
心になってこうした資産管理・運用サービスを提供していると
思われるかもしれませんが、『IFAとは何者か』（金融財政事情研
究会）によれば、独立系が人数比で4割を超えているそうで
す。そうした人たちは、まったく一人でやっているわけでもな
く、集まって会社組織になっているところもあります。これがウ
ェルスマネジメント会社です。規模や構成はまちまちです。面
白いのは、大手証券会社に属している（ように見える）人で
も、実はウェルスマネジメント会社単位でその大手証券会社と
契約しているというパターンもあることです。米国ではバロンズ
（Barron's）やフォーブス（Forbes）などが毎年アドバイザーラン
キングを出しています。ここを見ると、トップアドバイザーが所
属するチームのウェブサイトにリンクが張られていたりします
（"Top Teams" や "RIA Firms" というカテゴリーでのランキン
グもあります）。

　米国では、こうした人たち（会社）に、システムだけでなく、
商品やコンプライアンス、研修などといったサービスを提供す
る会社がたくさんあり、それぞれ競い合っていますし、アドバイ
ザーやウェルスマネジメント会社も、提供されるサービスや契
約条件、会社の方針などを見て、自分がより活躍できると思わ
れる環境に移っていきます。

やりたいことのためとは言え、目先の誘惑を振り切り、プランをしっかり守っていくというのは大変で、これを個人の忍耐力や意志の強さだけに任せるのは、行動ファイナンスの観点からも無理があります。こうしたサポートは、本来的には投資一任のサービスに入っていないと思いますが、投資一任の継続的なサービスを通じてアドバイザーにうまく応援してもらうことで、この大変な取り組みが継続できるのではと思います。

顧客本位の業務運営とゴールベース資産管理　☆

　顧客本位の業務運営とは、国民の安定的な資産形成を図るために、金融機関等が務めることが重要と提起されている考え方になります。金融サービスにおいては、昔から「フィデューシャリー・デューティー」という言葉も使われていましたが、日本語にすると「受託者責任」になって、金融サービス全体にかかる感じがしなくなります。これを、2017年３月に出された「顧客本位の業務運営に関する原則」、およびそれに先立つ金融審議会 市場ワーキング・グループで「顧客本位の業務運営」と表記したのが、使い始めではないかと思います。

　「顧客本位の業務運営に関する原則」では、金融機関等（この原則では、金融事業者と表記されています）がより良い金融商品・サービスを提供し、そうした金融機関等が顧客から選ばれる仕組みを実現するために、金融機関等が自ら考えるポイントがまとめられています。顧客サービスに関する原則として、以下の原則６が用意されています。

　原則 6．金融事業者は、顧客の資産状況、取引経験、知識及び取引目的・ニーズを把握し、当該顧客にふさわしい金融商品・サービスの組成、販売・推奨等を行うべきである。

　そして、顧客本位の業務運営のさらなる進展に向けて、2019年10月より市場ワーキング・グループでさまざまな検討が行われ、2020年 8 月に報告書「金融審議会　市場ワーキング・グループ報告書－顧客本位の業務運営の進展に向けて－」が公表されました。その中で示されている方策のいくつかを抜粋してみます（下線部は筆者）。

　ア）顧客本位の商品提案力の向上と適切なフォローアップ
　原則 6．【顧客にふさわしいサービスの提供】の（注 1 ）として次の内容を追加することが適当と考えられる。
　原則 6．【顧客にふさわしいサービスの提供】
　（注 1 ）　金融事業者は、金融商品・サービスの販売・推奨等に関し、以下の点に留意すべきである。
　・顧客の意向を確認した上で、まず、顧客のライフプラン等を踏まえた目標資産額や安全資産と投資性資産の適切な割合を検討し、それに基づき、具体的な金融商品・サービスの提案を行うこと
　・（ 2 つ目省略）
　・金融商品・サービスの販売後において、顧客の意向に基づき、長期的な視点にも配慮した適切なフォローアップを行うこと

　②適合性原則の内容の明確化
　適合性原則は、顧客の知識、経験、財産の状況及び取引目的に照らして不適当と認められる勧誘を行って投資者の保護に欠け、又は欠けることとなるおそれがないように業務の運営を行うことを求めるものである。このため、金融商品・サービスの勧誘を行う金融事業者には、（ⅰ）金融商品・サービスの内容を適切に把握すること、（ⅱ）顧客の属性・取引目的を的確に把握すること、（ⅲ）金融商品・サービスの内容が顧客の属性・取引目的に適合することの合理的根拠を持つこと、が求められ、これらを履行しないで行う勧誘行為は適合性原則の観点から適当ではないと考えられる。

ゴールベース資産管理では、顧客が実現したいゴールについてよく会話して、具体化し、共通認識を持ったうえで、ゴールの実現に向けた資産管理の方法を提案します。ゴールの優先順位づけも行いますし、場合によっては、あきらめるゴールも出てくるかもしれません。そうした検討の際には、ライフプランニングは必須になりますし、先に説明したように、金融資産の運用だけでなく、収入や支出の見直しについても議論します。このプロセスの中で、リスクを取る理由や、その資産管理方法を選択した理由もしっかり理解できると思います。

コラム5-⑥ お金を分ける感覚

　メンタル・アカウントというと身近な感じがしなくても、「500円玉貯金で10万円たまったら○○を買う!」、あるいは「この銀行口座はクレジットカード決済用」といった行動は結構身近ではないかと思います。米国では、目的ごとにお金を分け、そこに向けてきちんと貯めていく習慣(金融リテラシー)を身につけるための教材が売られています。その1つが、ここにある「ピギーちゃん」です。

　ピギーちゃんのポイントは、お金を入れる先が「4つに分かれていること」になります。お金を入れる先は、左から "SAVE(貯蓄)"、"SPEND(消費)"、"DONATE(寄付)"、"INVEST(投資)" となっていて、それぞれに硬貨の投入口と、取り出し口が用意されています。貯蓄と消費を用意するのは、日本でも一般的かもしれません(使うお金は財布に、ためる分は銀行に、など)。"DONATE(寄付)"、"INVEST(投資)" があるのがいかにも米国風です。

メンタル・アカウントが身に着く貯金箱の例

出所)Money Savvy Generation, Inc
※ Money Savvy Pig（日本名：ピギーちゃん）の画像及びその加工物は米国
Money Savvy Generation社の知的財産であり、I-Oウェルス・アドバイザー
ズ株式会社が同社との契約を基に日本における独占使用権と販売権を有し
ています。

　こうやって目的ごとにお金を分けるようにしてあれば、「この
目的はここまで貯めたい」、「他と比べて進みが遅い（あるい
は、どうも消費ばっかりにお金を入れているようだ）」といった
ことが見える化でき、自分の行動の改善につながりそうです。
また、"DONATE（寄付）"、"INVEST（投資）" があることで、
「このお金をどうしよう。どこに寄付して、どうやって投資・運
用しよう」と考えることにもつながります。お金を通じて世の中
につながっていく部分です。
　大人になると、扱う額も大きく、ゴールも複雑になるので、
この貯金箱の役割をアドバイザーにお願いするのもよいアイデ
アだと思います。

　また、継続的な報告とプランの見直しも行われます。どん
なに良いプランでも、継続できなければ意味がありません。
一方で、「三日坊主」という言葉があるように、継続はなか
なか難しいものです。フォローアップがきちんと定義されて

いるという点で、投資一任はよりよいサービスができる可能性を秘めていると言えます。フォローアップしてくれる伴走者がいることでゴール実現の可能性が上がるのであれば、そこに対価を払うのはおかしなことではないでしょう。

　先に抜粋した方策のうち「ア）顧客本位の商品提案力の向上と適切なフォローアップ」は、2021年1月に公表された「顧客本位の業務運営に関する原則（改訂版)」に反映され、「②適合性原則の内容の明確化」は「金融商品取引業者等向けの総合的な監督指針」（Ⅱ－2－3－1　適合性原則・誠実公正義務）に反映されました。

　「顧客本位のためにはこういった取り組みが必要だ」と主張されていることが、すでにゴールベース資産管理のプロセスに入っています。顧客のことを本当に考えるのであれば、このやり方を使うべきですし、その結果として、管理される資産のそれなりの部分は投資一任になるのが自然なことだと思います。

米国で
いま起きていること、
日本で今後
起きそうなこと

**BASICS OF
MANAGED ACCOUNTS**

近年、米国のリテール投資サービス業界で、3つの大きな事件が起きています。顧客側でも3つの変化が生じています。

　これらの潮流は、ウェルスマネジメントの本質が「プロダクト販売」から「総合的なアドバイスの提供」へとシフトしていることを示しています。

　日本でも同様の変化がすでに起きつつあります。今後、関連プレイヤーは「二極化」「サービスの多角化と専門化」「売買手数料率の低下」の中で生き残りを求められるでしょう。

　アドバイザーに求められるのは「全体的なアドバイス」をカスタマイズ化して提供することになると思います。投資一任サービスは全体的なアドバイスを継続的に提供するのに最適なモデルとして、さらに支持されていく可能性があります。

米国で起こっている3つの事件

　筆者は仕事柄、米国の金融業界の動向をずっと追いかけてきました。前の章にある投資一任やゴールベース資産管理についても、リテール投資サービスにおける大きな変化の波として注目し続けています。その、米国における資産運用の大きな流れですが、この数年で注目すべき大きな事件が立て続けに起きています。

　1つ目は、ブローカレッジビジネスにおける売買手数料の消失です。2019年10月に、米国の証券会社チャールズ・シュワブは、国内株式・ETFなどの売買手数料をゼロにすると宣言しました。もともとオンラインのディスカウントブローカーとしてスタートしたチャールズ・シュワブですので、売買手数料の低さを謳っていましたが、現在は自社ブローカレッジ口座に対しては投資一任を中心にしたフィー型サービス、独立系アドバイザーに対しても投資一任などの商品・サービスの管理（カストディサービスと言います）を展開しており、総収益に占める売買手数料の比率は7％程度まで下がっていました。その上で、売買手数料自体をゼロにしてしまうという宣言をしたのです。売買取引ではなく預かり資産の極大化を目指すビジネスモデルへの転換が完成したと言えま

図6-1　注目すべき大きな事件

- ■ シュワブ ＋ TDアメリトレード：メガ証券（プラットフォーマー）の誕生
- ■ モルガン・スタンレー ＋ Eトレード：富裕層向けの資産管理からデジタルへの領空侵犯
- ■ コロナ危機：API専業証券ロビンフッドの急拡大

出所）筆者作成

しょう。

　リテール投資家向け投資サービス提供企業として、オンライン中心のプレーヤーとしてはトップだったチャールズ・シュワブ（以下シュワブ）が動いたことで、２位のTDアメリトレード等も追随してゼロ・コミッション宣言を行うことになりました。

　さらに驚いたことに、６週間後の2019年11月下旬には、シュワブとTDアメリトレードが経営統合することを発表しました。2020年10月以降は、両社の決算・IRは統合した形で公表されており、直近（2022年1月時点）では口座数約3300万件、預かり資産額は8兆ドル超という「メガ証券」になっています（米国の業界ニュースなどによると、両社のオペレーションの統合作業はまだ続いており、完全にオペレーションが統合されるのは早くとも2023年との見通しのようです）。日本では、口座数で言えばSBI証券が約730万口座、預かり資産額で言えば野村證券が127兆円でトップですので、これと比べていかに大きいかがわかります（いずれも2021年６月末）。米国に話を戻すと、マスアフルエント層（大衆富裕層）向けでは、もともと職域を得意としていたフィデリティの証券部門も巨大なリテール投資サービス会社であり、この２つのメガ証券がマスアフルエント層向けのシェア獲得で覇を競っています。

　２つ目は、富裕層向けの対面証券会社大手であるモルガン・スタンレーが、2020年に入って、オンライン中心のブローカレッジ・ハウスであるEトレードの買収を決めたことです。図6-2、図6-3にあるように、米国では、顧客セグメント（投資可能資産の規模）やアドバイザーの契約内容によって金融機関が住み分けを行っていました。シュワブが独立

図6-2 米国リテール投資サービスの顧客セグメント：概観

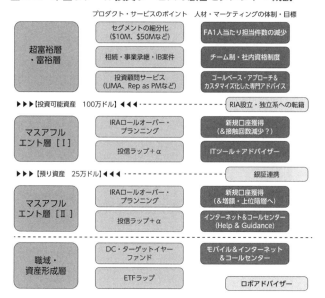

出所）各種資料より野村資本市場研究所作成

系アドバイザー向けのカストディサービスを提供すること
で、オンラインから富裕層までの顧客を直接・間接にカバー
して近年成長していましたが、今回のモルガン・スタンレー
の動きは、富裕層向けの資産管理からデジタル領域への領空
侵犯を意味しており、米国のリテール投資サービス業界の競
争の新たなステージが始まったといえます。

　3つ目は、新型コロナ感染症流行以降の大きな変化になり
ますが、ロビンフッドというスマートフォンアプリ専業証券
会社の急拡大です。ロビンフッドは、2013年に誕生した企業
で、1ドル単位で好きな金額を投資できる（売買手数料は無

図6-3 顧客セグメントと機能から見た米国投資サービス業界
（概念図）

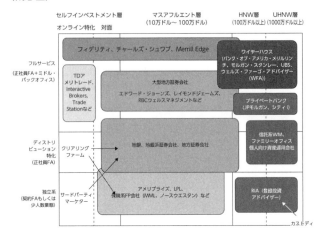

出所）各種資料より野村資本市場研究所作成
注）HNW（High Net Worth）：富裕層、UHNW（Ultra High Net Worth）：超富裕層

料）、いわばゲーム感覚で投資ができるユニークなサービス
を展開し、ミレニアル世代に支持されて成長してきました。
コロナ危機とロックダウンを契機とした巣ごもり行動によっ
て、2020年の1月から5月までに米国全体で個人の証券口座
が450万口座増えたと言われています。そのうちの約300万口
座がロビンフッドに開設されており、2021年末時点のロビン
フッドの口座数は2,200万件に達しています。フィンテック
の爆発的な成長力が、リテール投資サービス業界にも大きな
影響を与え始めたと言えます。

米国で起きてきた顧客サイドの変化

　顧客サイドからみても、近年、３つの大きな変化が顕在化しており、それが上記で述べたプレーヤーの変化につながっていると言えるでしょう。その３つの大きな変化とは、①高齢化・長寿化で短期のパフォーマンスよりも長期の安心感を求める傾向の強まり、②金融市場の不確実性の深まり、③説明責任や利益相反回避を求める方向で規制が強化されたこと、になります。

　日本人ほどではないものの、米国人も長寿化しています。夫婦 2 人ともが60歳を超えた場合、3 組に 1 組以上は、夫・妻のどちらかが95歳まで存命となるとされています。仮に 65 歳を起点にすると 30 年のファイナンシャルプラン作成が求められる中で、不安も増しており、短期的なパフォーマンスばかりを強調しても顧客の本質的なニーズに応えたことにならないと考えられます。

　また、米国人にとってサブプライム問題やリーマン・ショックは10 年以上前のこととは言え、影響と記憶がいまだに鮮明に残っており、しかも近年も欧州債務危機、ブレグジット、米中摩擦の激化など、国際金融情勢の激動が続いています。金融市場の不確実性の深まりが進む中で、その時々の人気金融商品で運用していれば大丈夫、とは決してならないのが実態です。

　規制の強化に関しては、もともと訴訟社会であることも影響していると思いますが、米国では金融商品を取り扱う外務員や販売員に対する規制が常に強化されてきました。回転売買の取り締まりや適合性原則の徹底はもちろんのこと、近年

は「受託者責任（フィデューシャリー・デューティー)」や「顧客の最善利益（ベスト・インタレスト)」といった概念が強調されるようになっています。筆者は、これらの動きをリテール投資サービスにおける「中立性・客観性の重視」「説明責任の強化」と言い換えてもよいのではと考えています。外務員・販売員は常に中立的・客観的な立ち位置で顧客に複数の選択肢を示すべきであり、あとになって振り返っても、あの時になぜこの金融商品・サービスを提供したのかを説明できる、といった規範が重視されるようになってきたという意味です。勤務先や販売員自身の都合で金融商品を推奨しているのではない、と説明できなければならなくなっている中で、金融商品を前面に出すことが信頼性の向上につながらなくなっていると考えられます。

　簡単にまとめると、顧客のニーズは変化しており、金融機関が提供するサービスは、長期的な安心感をも備えていないと信頼されないことになってきました。プロダクトの質とサービスの信頼感、その両方のバランスを顧客が求めてくるようになっていると感じています。

米国で起こってきたプレーヤーの変化

　上記のような顧客ニーズの変化に対応して、米国の金融機関が進めた大きな変革の第1は、サービスレイヤー、あるいは図6-2や図6-3で言うところの顧客セグメントにおける銀行・保険・証券などライセンスの異なるサービスの統合・融合です。総合化・複合化はさまざまなレベルで発生しましたが、最も影響が大きかったのは、金融商品販売で大きなシェアを有していた証券会社が、2000年前後から、証券総合

口座の中に預金・ローン・クレジットカードなど銀行関連サービスを付加していったことではなかったかと思います。これを契機に、銀行・証券サービスが一体化したウェルスマネジメントの付加価値を顧客側が徐々に認識する一方、アドバイザーも顧客資産の中でアクティブな運用ニーズだけを事業機会とするのではなく、顧客資産の全体に関わり、メイン口座・コア資金を獲得することを考えるようになったと言えます。投資一任サービスへの関心も、この文脈で高まっていくことになりました。いずれにせよ、今や米国のウェルスマネジメントにおいては、アドバイスの質が最重要であり、アドバイザーの名刺に書かれている金融機関の祖業が銀行であるか証券・保険であるかといったことは、ほとんど意識されなくなってきています。

　もう1つの大きな変革は、顧客セグメントに合わせた組織体制の構築です。やや単純化した言い方になりますが、21世紀に入ってから、米国金融業界では、概ね投資可能資産100万ドル前後をボーダーにして、顧客セグメントとサービス提供の「二極化」が発生しています。具体的には、100万ドル以上の金融資産を託す富裕層（ハイネットワース層）には、専門性の高いアドバイザーをチーム化して総合的・包括的なアドバイスを提供することが目標とされる一方、数十万ドルの金融資産の運用・管理を求めるマスアフルエント層に対しては、インターネットとコールセンターで顧客ニーズのほとんどを効率的に満たすことができる体制の構築が取り組まれてきました。

　後者のセグメントにおいても、対面のアドバイザーが付加価値になることは間違いありませんが、数多くのアカウントに対して高い顧客満足度とコンプライアンス基準を保ったサ

ービスを提供し続けるのは、獲得可能対価とのバランスで効率が悪く、オンラインを前面に出し人は後ろ側で支える形が有効と見られています。富裕層セグメントにおいても、一人のアドバイザーだけで満足度の高いアドバイスを提供するのは難しくなり、さらにプロダクトの販売手数料も低下傾向にありますから、スキル・専門性の異なるアドバイザーをチーム化することで、顧客との関係と対価獲得ポイントを多様化する*とともに、顧客預かり資産の拡大を目指すのが、ほぼ唯一の戦略方向ということになると思います。したがって、アドバイザーから見ても金融機関から見ても、預かり資産の継続的管理を通じて顧客との関係を強化できる投資一任サービスは、必須になったと考えられます。

　（*フィーやコミッションだけでなく、デリバティブの裏側の売買収益、ローンの金利収入、預金の運用収益、投信マネージャーからの収益（棚貸し料・口座管理フィー）、案件（承継、M&A、相続プラン策定など）に係るフィーなど、1つの顧客リレーションからの収益、つまり対価を獲得する機会（ポイント）を複数にするという意味です）

米国で進展してきたサービスの多角化と投資一任関連サービスの発展　☆

　米国でも、顧客のニーズに対応する形で数多くのプロダクトやサービスが開発されてきましたが、志向としては、日本のように「売れる商品」を作る、というよりも「なるべく多くの資産の運用を委託される」ための仕組み、あるいは「継続的に任せてもらえる＝解約されにくい」サービスを開発することが重視されてきたように思います。なぜなら、上記の

ような環境変化の中で、ヒット商品さえ出していれば良いという時代は終わりを告げてしまい、販売時よりもむしろアフターフォローとリバランスを通じて、長期的なゴールに沿っているという安心感を醸成するとともに、顧客からの信頼感を高める努力をしなければ、金融機関もアドバイザーも生き残れない時代になったからです。

一方で、前項でみたプレーヤーの戦略変化を改めて見ると、顧客セグメントという点ではフォーカス（絞り込み）、プロダクト・サービスにおいては総合化・多角化という、一見相反する2つの変化が起きていますが、この戦略をしっかりと実践し、セグメントごとの顧客にきちんと対応してきたプレーヤーのみが生き残れているという現実が、鮮明になっています。

米国において21世紀に入ってから投資一任サービスがほぼ一貫して拡大し、資産残高10兆ドルまで到達した理由は、もちろん市場環境もありますが、上記のような環境変化の中で、顧客にとってもアドバイザーにとっても、最も便利で有効な資産管理の仕組みとして投資一任サービスが支持されてきたからと考えられます。しかも、数度の金融危機や市場の不透明性を踏まえて、米国の投資一任サービスは、一段と多様な仕組みが開発されており、日々改善・進化を続けています。

日本で起きている環境変化 ☆

本章で概観した米国の潮流を、日本に当てはめてみるとどうでしょうか（**図6-4**）。

顧客サイドの3つの変化のうち、①高齢化・長寿化、②金

融市場の不確実性の深まり、の2つは日本でもすでに起きていると考えられます。①日本人の多くが米国人よりも長寿ですし、②昨今の金融危機はリーマン・ショックにしてもコロナ危機にしてもある市場にとどまることはなく、ほぼ間違いなくグローバルに影響が及びます。一方、③「説明責任や利益相反回避を求める方向で規制が強化されたこと」については、日本ではこれから強化されることになっていくと考えられます。また、3つの事件を通じて紹介した米国金融業界で起こっている変化については、売買手数料の低下（もしくは無料化）は日本でも顕著になってきましたが、金融機関の業態間の融合や対面・オンラインの統合はまだ起きていない段階といえるでしょう。

ただ、米国と同様に、顧客の意識やニーズは短期的なリターンだけを求めるものから、長期の安心感を含んだものにな

図6-4　米国で起きた環境変化：日本でもすでに起きているか？

■ 高齢化・長寿化　→　◎
■ 金融市場の不確実性　→　◎
■ 規制強化（説明責任の強化）　→　○
■ 規制緩和（銀行・証券・保険・資産運用の融合、対面・オンラインの統合）→　△

| 顧客ニーズ：短期的なリターン　→　長期の安心感 |

| ビジネスモデル：商品販売 → サービス契約（アフターフォローとリバランス） |

出所）筆者作成

ってきています。そしてそのバランスがさらに重要であると考えられています。したがって、単なる商品販売というよりも、アフターフォローとリバランスを継続的にサービスとして提供することが決定的に重要になってくると想定されます。

日本で起きるだろうプレーヤーの変化

こうした米国の流れや、日本で起きている環境変化から考えると、今後日本では以下の3つのことが確実に起きてくると思います。

1. 二極化

1人のアドバイザーが多種多様な顧客を対応することが困難になってきており、富裕層向けのサービスとマスアフルエント向けのサービスが分化していくと考えられます。また富裕層向けのサービスはより手間がかかるため、担当顧客数を減らすことと、1件当たりの資産額を増やすことが必須となってくるでしょう。

2. サービスの多角化と専門化が同時に

顧客(特に富裕層顧客)のニーズに応えていくには、専門家集団がチーム制を活用して対応していくことが不可欠であり、本社とITサポート機能の充実が求められます。

3. 売買手数料率の低下

1取引あたりの売買手数料率はゼロに向かって低下することが見込まれます。米国では、預かり資産に連動したフィーの料率も低下していますが、下落スピードはゆっくりとした

ものです。日本でも、売買手数料の最大化ではなく、預かり資産の拡大を中心にしたビジネスモデルへの変革を否応なしに迫られるでしょう。

アドバイザーが向かうべき先　☆

　上記のような環境変化が予想される中、アドバイザーはどうすればよいでしょうか。筆者は、アドバイザーに求められるのは、「全体的なアドバイス」をカスタマイズ化して提供することになると思います。米国では、「全体的」（Holistic、ホリスティック）という言葉が良く使われ、アドバイザーが究極の目標を述べる際によく使います。一部の資産だけ、単なる商品販売だけではなく、顧客の資産全体や、今後の人生を包括的に見て、目標（ゴール）や夢・悩みに寄り添ったアドバイスが、顧客側の最も本質的で、いつも変わらぬニーズだからです。もちろん、顧客ごとに目標や夢・悩みは異なっていますから、提案する内容の「カスタマイズ」は必須になります。

　「全体的な」アドバイスを「カスタマイズ化」するというのは、言葉としては矛盾しているように聞こえるかもしれませんが、これがコンサルティング営業の本質だと思います。米国では、単に分散ポートフォリオを売るだけでなく、アフターフォローとリバランスによって、顧客のコア資産に対するカスタマイズ化されたアドバイスを提供し続けるのに最適な仕組みとして、投資一任が発達しましたが、逆に言うと日本でもこれしかないのではないかと思っています。

おわりに

　「日本人がなぜ資産運用に積極的でないのか」については、諸説がありますが、本書にあるような資産運用に関する基本的な知識を得る機会に乏しく、結果として先入観で資産運用を避けている方が多いように思われます。先入観や固定観念によって、日本人が機会損失を被らないように、多くの方々に本書をご一読いただき、正しいご理解のもと、ご自身の大切なご資産を活用していただくことを切に願っています。

　さて、本書には何度となく「ゴール（目的）ベース資産管理」という言葉が出てきました。ゴールを設けずに、資産は増えれば増えるほど良いと考えて、資産運用をスタートするケースが日本では多く見られますが、本書ではゴールの設定が何よりも大切であり、そのゴールに向かってリスクを管理しながら、資産を運用していくことが重要であることが述べられています。皆様からは、「ゴールなんて考えてないよ」というお言葉が届きそうですが、ゴールは顕在化していないだけで、さまざまなゴールが皆様の中に必ず存在します。私たち金融サービスを提供する者の役割は、皆様の潜在的なさまざまなゴールを会話の中から顕在化させ、共有し、そして、皆様とワンチームとなってゴールに向かってともに歩んでいくことです。

　本書では、「ゴールベース資産管理」を実践するための手

法の1つとして、投資一任サービス（ラップ）をご紹介しています。投資一任サービスはさまざまな機能を兼ね備えており、皆様のゴール達成の一助になるサービスだと考えています。最近、この投資一任サービスを活用して、お客様と信頼関係を構築しながら、ともにゴールを目指すケースが増えてきました。皆様からの信頼をいただけるパートナーになることが私たちの喜びであり、目指したい姿であることを改めて実感しています。私たちも学び続けることで、皆様に選ばれるパートナーを目指します。

　最後に、私がいつもお客様へお話しする内容を共有いたします。
　「過去を振り返ると、世界の人口が増加することで、世界のGDPは成長し、結果として世界の時価総額が拡大していきました。このとてもわかりやすい図式が成立するのは、世界の人口が増加することが前提です。そう考えると、世界の人口がピークアウトするまでが、私たちにとってまず捉えるべきチャンスと言えるのではないでしょうか？」
　世界の人口がピークアウトする時期には諸説があり、よく見るもののうち最短では2050年と言われています。そこまでだと、あと30年。お客様の豊かな生活に向け、まずはしっかりと成長の果実を得られる資産運用に取り組んでいく必要があります。そのあとは未知の世界になり、これまでそうしてきたように、世界の英知を集めながら、改めてより良い方法を模索していくのだと思います。

　人生100年時代。いくつになっても幸せで活気のある日々を送るために、本書をきっかけに本格的に資産運用をスタート

してもらえれば幸いです。信頼できるパートナーとともに。

2022年3月

野村證券　執行役員
営業部門　プロダクツ・ソリューション担当
三原　秀治

● **参考資料**

はじめに
....

一般社団法人　日本投資顧問業協会、「統計資料」、一般社団法人　日本投資顧問業協会

日本経済新聞社　インデックス事業室「日経平均プロフィル」、日本経済新聞社 (https://indexes.nikkei.co.jp/nkave/archives/data)

第1章　ラップって何？
....

金融庁 (2019)、「金融審議会 市場ワーキング・グループ報告書「高齢社会における資産形成・管理」」、金融庁ウェブサイト (https://www.fsa.go.jp/singi/singi_kinyu/tosin/20190603.html)

日本銀行、「資金循環」、日本銀行「時系列統計データ」、検索サイト (http://www.stat-search.boj.or.jp/)

日本銀行 (2021)、「資金循環　日米欧比較 (2021年第1四半期)」、日本銀行

金子久 (2013)、「一層の普及が期待されるファンド・ラップ」、野村総合研究所

厚生労働省 (2021)、「令和2年簡易生命表」、厚生労働省 (https://www.mhlw.go.jp/toukei/saikin/hw/life/life20/index.html)

ウィキペディア、「景気循環」、ウィキペディア (https://ja.wikipedia.org/wiki/%E6%99%AF%E6%B0%97%E5%BE%AA%E7%92%B0)

モシェ・ミレブスキー著、鳥海智絵監訳、野村證券ゴールベース研究会訳 (2018)、『人生100年時代の資産管理術』、日本経済新聞出版

日本証券業協会、「金融・証券用語集」、日本証券業協会ウェブサイト (https://www.jsda.or.jp/jikan/word/333.html)

一般社団法人　投資信託協会、「投資信託を学ぼう＞どんな種類があるの？＞運用対象での分類」、投資信託協会ウェブサイト (https://www.toushin.or.jp/investmenttrust/type/category/index.html)

年金積立金管理運用独立行政法人 (2021)、「2020年度　業務概況書」、年金積立金管理運用独立行政法人

第2章　資産運用の基本
....

チャック・ウィジャー、ダニエル・クロスビー著、新井聡監訳、野村證券ゴールベース研究会訳 (2016)、『ゴールベース資産管理入門』、日本経済新聞出版

デイビッド・スエンセン著、大輪秋彦監訳（2003）、『勝者のポートフォリオ運用』、金融財政事情研究会

Markowitz (1952), "Portfolio Selection", *The Journal of Finance*, Vol. 7, No. 1. (Mar., 1952), pp. 77-91.

年金積立金管理運用独立行政法人（2021）、「2020年度　業務概況書」、年金積立金管理運用独立行政法人

日本取引所グループ、「上場会社数・上場株式数」、日本取引所グループ　ウェブサイト（https://www.jpx.co.jp/listing/co/index.html）

モシェ・ミレブスキー著、鳥海智絵監訳、野村證券ゴールベース研究会訳（2018）、『人生100年時代の資産管理術』、日本経済新聞出版

野村證券、「CIO Monthly 2021年12月号」、野村證券

ロブ・ダン著、高橋洋訳（2017）、『世界からバナナがなくなるまえに　食糧危機に立ち向かう科学者たち』、青土社

ウィキペディア、「バナナ」、ウィキペディア（https://ja.wikipedia.org/wiki/%E3%83%90%E3%83%8A%E3%83%8A）

ウィキペディア、「キャベンディッシュ（バナナ）」、ウィキペディア（https://ja.wikipedia.org/wiki/%E3%82%AD%E3%83%A3%E3%83%99%E3%83%B3%E3%83%87%E3%82%A3%E3%83%83%E3%82%B7%E3%83%A5_（%E3%83%90%E3%83%8A%E3%83%8A））

The Food and Agriculture Organization (2021), "Markets and Trade, Bananas", The Food and Agriculture Organization (https://www.fao.org/markets-and-trade/commodities/bananas/en/)

Vivek Voora, Cristina Larrea, and Steffany Bermudez (2020), "Global Market Report: Bananas", International Institute for Sustainable Development (https://www.iisd.org/system/files/publications/ssi-global-market-report-banana.pdf)

東京税関（2020）、"バナナの輸入", 東京税関（https://www.customs.go.jp/tokyo/content/toku0208.pdf）

第3章　機関投資家はどうやって運用しているか

年金積立金管理運用独立行政法人（2021）、「2020年度　業務概況書」、年金積立金管理運用独立行政法人

年金積立金管理運用独立行政法人（2022）、「基本ポートフォリオの考え方」、年金積立金管理運用独立行政法人（https://www.gpif.go.jp/gpif/portfolio.html）

厚生労働省（2022）、「将来の公的年金の財政見通し（財政検証）」、厚生労働省（https://www.mhlw.go.jp/stf/seisakunitsuite/bunya/nenkin/nenkin/zaisei-kensyo/index.html）

ウィキペディア、「年金積立金管理運用独立行政法人」、ウィキペディア（https://ja.wikipedia.org/wiki/%E5%B9%B4%E9%87%91%E7%A9%8D%E7%AB%8B%E9%87%91%E7%AE%A1%E7%90%86%E9%81%8B%E7%94%A8%E7%8B%AC%E7%AB%8B%E8%A1%8C%E6%94%BF%E6%B3%95%E4%BA%BA）

川原淳次（2018）、『大学・財団のための ミッション・ドリブン・インベストメント』、東洋経済新報社

The Nobel Foundation（2021）, "Table showing prize amounts", The Nobel Prize website（https://www.nobelprize.org/）

The Nobel Foundation（2021）, "The Nobel Foundation annual report 2020", The Nobel Prize website（https://www.nobelprize.org/）

The Nobel Foundation（2021）, "Alfred Nobel's will", The Nobel Prize website（https://www.nobelprize.org/alfred-nobel/alfred-nobels-will/）

The Nobel Foundation（2020）, "Financial Management", The Nobel Prize website（https://www.nobelprize.org/about/financial-management/）

The Nobel Foundation（2021）, "Menus at the Nobel Banquet", The Nobel Prize website（https://www.nobelprize.org/ceremonies/menus-at-the-nobel-banquet/）

吉武信彦（2011）、「ノーベル賞の国際政治学」、『地域政策研究』（高崎経済大学地域政策学会）　第13巻　第4号

ウィキペディア、「ノーベル賞」、ウィキペディア（https://ja.wikipedia.org/wiki/%E3%83%8E%E3%83%BC%E3%83%99%E3%83%AB%E8%B3%9E）

Harvard Management Company（2020）, "HMC ANNUAL REPORT 2020", Harvard Management Company, Inc（https://www.hmc.harvard.edu/partners-performance/）

Yale Investment Office（2021）, "2020 Endowment Update", Yale University Website（http://investments.yale.edu/reports）

Yale University, "Tuition and Fees", Yale University Website（https://student-accounts.yale.edu/tuition-and-fees）

Yale University, "Affordability: The Details", Yale University Website（https://admissions.yale.edu/affordability-details#whoqualifies）

Yale Investment Office, "Endowment Update", Yale University Website (http://investments.yale.edu/reports)

Princeton University (2017), "Report of the Treasurer 2015-16", Princeton University website (https://finance.princeton.edu/report-treasurer)

Princeton University (2021), "Report of the Treasurer 2019-20", Princeton University website (https://finance.princeton.edu/report-treasurer)

厚生労働省、「令和3年度　年金制度のポイント」(https://www.mhlw.go.jp/stf/seisakunitsuite/bunya/nenkin/nenkin/)

文部科学省、「私立大学等の令和元年度入学者に係る学生納付金等調査結果について」、文部科学省 (https://www.mext.go.jp/a_menu/koutou/shinkou/07021403/1412031_00002.htm)

独立行政法人日本学生支援機構、「平成30年学生生活費調査」、独立行政法人日本学生支援機構 (https://www.jasso.go.jp/about/statistics/gakusei_chosa/index.html)

第4章　ラップの成り立ち

Gresham and Oransky (2009), "The New Managed Account Solutions Handbook: How to Build Your Financial Advisory Practice Using Managed Account Solutions", Wiley.

Money Management Institute (2021), "MMI-Cerulli Q1 2021 Advisory Solutions", Money Management Institute website (https://www.mminst.org/mmi-news/mmi-cerulli-q1-2021-advisory-solutions) ほか

Money Management Institute (2016), "2016-2017 Industry Guide to Investment Advisory Solutions – Executive Summary", Money Management Institute website (https://www.mminst.org/mmi-news/2016-2017-industry-guide-investment-advisory-solutions-now-available-october-2016)

FRB, "Selected Interest Rates (Daily) - H.15", Board of Governors of the Federal Reserve System website (https://www.federalreserve.gov/releases/h15/)

日本銀行、「主要統計データ閲覧　為替」、日本銀行時系列統計データ検索サイト (https://www.stat-search.boj.or.jp/)

一般社団法人　日本投資顧問業協会 (2021)、「統計資料 (2021年3月末)」、一般社団法人　日本投資顧問業協会

チャック・ウィジャー、ダニエル・クロスビー著、新井聡監訳、野村證券ゴールベース研究会訳 (2016)、『ゴールベース資産管理入門』、日本経済新聞出版

モシェ・ミレブスキー著、鳥海智絵監訳、野村證券ゴールベース研究会訳 (2018)、『人生100年時代の資産管理術』、日本経済新聞出版

岡田功太、和田敬二朗 (2015)、「米国SMA・ファンドラップの拡大を支えた規制と金融機関経営の変遷」、野村資本市場研究所　野村資本市場クォータリー　2015年夏号

野尻哲史 (1999)、「株式市場の「死」と「再生」　米国に学べ金融リテールビジネス」、経済法令研究会

野村亜紀子 (2006)、「米国の企業年金改革法について」、野村資本市場研究所

野村亜紀子 (2008)、「米国401 (k) プランのデフォルト (初期設定) 商品に関する規則改正」、野村資本市場研究所

チャールズ・シュワブ著、飯山俊康監訳、野村資本市場研究所訳 (2020)、『ゼロ・コミッション革命：チャールズ・シュワブの『顧客目線』投資サービス戦略』、金融財政事情研究会

野村亜紀子 (2000)、「米国企業年金をめぐる最近の議論　—従業員退職所得保障法 (ERISA) 制定25周年を迎えて—」、野村資本市場研究所

企業年金連合会、「用語集＞エリサ (法)」、企業年金連合会ウェブサイト (https://www.pfa.or.jp/yogoshu/ae/ae04.html)

鈴木博 (2010)、「米国の退職貯蓄の変容と日本への示唆」、農林金融2010.2

金融庁 (2020)、「金融審議会 市場ワーキング・グループ報告書—顧客本位の業務運営の進展に向けて—」、金融庁ウェブサイト (https://www.fsa.go.jp/singi/singi_kinyu/tosin/20200805.html)

第5章　ゴールベース資産管理と投資一任

Statman (2017), "Finance for Normal People - How Investors and Markets Behave", Oxford University Press

チャック・ウィジャー、ダニエル・クロスビー著、新井聡監訳、野村證券ゴールベース研究会訳 (2016)、『ゴールベース資産管理入門』、日本経済新聞出版

モシェ・ミレブスキー著、鳥海智絵監訳、野村證券ゴールベース研究会訳 (2018)、『人生100年時代の資産管理術』、日本経済新聞出版

Somers (2018), "ADVICE THAT STICKS", Practical Inspiration Publishing

Vanguard (2019), "Putting a value on your value: Quantifying advisor's alpha", vanguard website (https://advisors.vanguard.com/insights/article/IWE_ResPuttingAValueOnValue)

Russell Investments (2019), "2019 Value of an Adviser Report - Help your clients understand the value you deliver", Russell Investments web site (https://russellinvestments.com/-/media/files/au/support/business-solutions/practice-management/value-of-adviser/2019-value-of-an-adviser_adviser-report.pdf)

PriceMetrix (2020), "The state of North American retail wealth management", McKinsey & Company (https://www.mckinsey.com/industries/financial-services/our-insights/the-state-of-north-american-retail-wealth-management)

PriceMetrix (2021), "The value of personal advice: Wealth management through the pandemic", McKinsey & Company (https://www.mckinsey.com/industries/financial-services/our-insights/the-value-of-personal-advice-wealth-management-through-the-pandemic)

日本証券業協会 (2021)、「証券会社の従業員数等」、日本証券業協会ウェブサイト (https://www.jsda.or.jp/shiryoshitsu/toukei/jyugyoinsu/index.html)

金融庁 (2017)、「顧客本位の業務運営に関する原則の確定について」、金融庁ウェブサイト (https://www.fsa.go.jp/news/28/20170330-1.html)

金融庁 (2020)、「金融審議会 市場ワーキング・グループ報告書－顧客本位の業務運営の進展に向けて－」、金融庁ウェブサイト (https://www.fsa.go.jp/singi/singi_kinyu/tosin/20200805.html)

金融庁 (2021)、「顧客本位の業務運営に関する原則 (改訂版)」、金融庁ウェブサイト (https://www.fsa.go.jp/policy/kokyakuhoni/kokyakuhoni.html)

金融庁 (2021)、「金融商品取引業者等向けの総合的な監督指針」、金融庁ウェブサイト (https://www.fsa.go.jp/common/law/guide/kinyushohin/index.html)

大庭昭彦 (2016)、「新しい投資アドバイス手法と行動ファイナンス」、野村ホールディングスウェブサイト (https://www.nomuraholdings.com/jp/services/zaikai/journal/p_201604_02.html)

Melissa Doran Rayer (2008), "Goals-Based Investing Saves Investors from Rash Decisions", SEI Wealth Network

財務省 (2022)、「個人向け国債＞元本割れなし」 (クリックして開くウィンドウ内)、財務省 (https://www.mof.go.jp/jgbs/individual/kojinmuke/index.html)

Rob Knapp (2008), "The Supernova Advisor", Wiley

大原啓一、沼田優子、野尻哲史 (2020)、『IFAとは何者か』、金融財政事情研

究会

Barron's, "2021 Top 100 Private Wealth Management Teams", Barron's (https://www.barrons.com/advisor/report/top-financial-advisors/private-wealth?mod=faranking_subnav)

第6章　米国でいま起きていること、日本で今後起きそうなこと

チャールズ・シュワブ著、飯山俊康監訳、野村資本市場研究所訳 (2020)、「ゼロ・コミッション革命：チャールズ・シュワブの『顧客目線』投資サービス戦略」、金融財政事情研究会

SBIホールディングス株式会社 (2021)、「2022年3月期第1四半期　SBIホールディングス株式会社　決算説明会」、SBIホールディングス株式会社 (http://www.sbigroup.co.jp/investors/disclosure/sbiholdings/)

野村ホールディングス (2021)、「2022年3月期第1四半期決算説明資料」、野村ホールディングス (https://www.nomuraholdings.com/jp/investor/summary/financial/data/2022_1q_prem.pdf)

おわりに

ダリル・ブリッカー、ジョン・イビットソン著、倉田幸信訳 (2020)、『2050年世界人口大減少』、文藝春秋

国際連合広報センター (2019)、「世界人口の増大が鈍化、2050年に97億人に達した後、2100年頃に110億人で頭打ちか：国連報告書（プレスリリース日本語訳）＊世界人口推計2019年版データブックレット（日本語訳）をアップしました!」、国際連合広報センター (https://www.unic.or.jp/news_press/info/33789/)

日本経済新聞社 (2021)、「海外専門家が描く人口減の未来　23カ国、今世紀末に半減」、日本経済新聞社

●索引

- PE、プライベート・エクイティ
- ERISA法、エリサ法、従業員退職所得保障法
- GPIF、年金積立金管理運用独立行政法人
- IRA、個人退職金勘定
- LBO、レバレッジド・バイアウト
- VC、ベンチャー・キャピタル
- SMA、セパレートリー・マネージド・アカウント
- UMA、ユニファイド・マネージド・アカウント
- オルタナティブ、代替資産
- ゴールベース資産管理、ゴールベース・アプローチ、ゴールベース・ウェル
  ス・マネジメント
- タリー報告書、タリーレポート
- ダルバー効果、行動ギャップ
- ファンドラップ、投信ラップ
- フィー型、フィーベース
- 確定拠出年金、DCプラン
- 確定給付年金、DBプラン
- 基本ポートフォリオ、政策ポートフォリオ、政策配分
- 現代ポートフォリオ理論、MPT
- 効率的フロンティア、有効フロンティア
- 資産配分、アセットアロケーション
- フィデューシャリー・デューティー、受託者責任、顧客本位の業務運営
- ベスト・インタレスト、顧客の最善利益

● 編者紹介

野村證券ゴールベース研究会

15年以上前からフィーベース・ビジネスモデルや行動ファイナンスの米国での取り組み、実務的アプローチを調査・研究している。現在はコンサルティング営業の新しい形として、野村證券内部にとどまらず広くゴールベース・アプローチの理解・適用・浸透を担う、自発的・組織横断的なグループ。訳書に『人生100年時代の資産管理術』(2018年、日本経済新聞出版)、『ゴールベース資産管理入門』(2016年、日本経済新聞出版)がある。

● 執筆者紹介

関 雄太 (第6章担当)

野村資本市場研究所　常務
1990年慶應義塾大学法学部卒。1999年南カリフォルニア大学マーシャル・ビジネススクール修了(MBA)。1990年4月野村総合研究所入社。野村資本市場研究所ニューヨーク駐在員事務所代表、研究部長などを経て、2021年4月より現職。

中村陽一 (第1〜第5章担当)

野村證券株式会社　営業企画部　課長
1991年広島大学大学院工学研究科修了。1991年4月野村総合研究所入社。1998年野村證券に転籍。金融業界における資産管理型のビジネスモデルの調査、および日本における啓蒙や取り組みの推進などに長年従事。野村證券ゴールベース研究会の中心として、著作物の企画・プロジェクト推進・翻訳・執筆なども担当。近年は金融ジェロントロジーの研究・普及にも取り組み、『エッセンシャル金融ジェロントロジー』(2019年、慶應義塾大学出版会、共著)にも参加。

ラップ口座入門

2022年3月16日　1版1刷

編　者	野村證券ゴールベース研究会
	ⓒNomura Securities Co., Ltd., 2022
発行者	白石　賢
発　行	日経BP
	日本経済新聞出版本部
発　売	日経BPマーケティング
	〒105-8308　東京都港区虎ノ門4-3-12
装　幀	斉藤よしのぶ
DTP	朝日メディアインターナショナル
印刷・製本	シナノ印刷

ISBN978-4-532-35917-1

Printed in Japan